THÉATRES FRANÇAIS.

OEUVRES

DE

MOLIÈRE.

TOME 4.

PARIS,

CHEZ MARTIAL ARDANT FRÈRES, ÉDITEURS,
rue Hautefeuille, 14.

LIMOGES,

A LA MÊME LIBRAIRIE.

1840.

THÉATRES FRANÇAIS.

OEUVRES

DE

MOLIÈRE.

TOME 4.

THÉATRES FRANCAIS.

OEUVRES

DE

MOLIÈRE.

TOME 4.

PARIS,

CHEZ MARTIAL ARDANT FRERES, EDITEURS,
Rue Hautefeuille, 14.

LIMOGES,
A LA MEME LIBRAIRIE.

1840.

LE TARTUFFE,

COMÉDIE EN CINQ ACTES.

Les trois premiers actes représentés à Versailles le 12 mai 1664.

La pièce entière fut jouée à Rinci le 29 novembre 1664; puis le 9 novembre 1665.

La première représentation, à Paris, fut donnée le 5 août 1667. La pièce fut défendue le lendemain : elle reparut à Paris le 5 février 1669.

PERSONNAGES

Madame PERNELLE, mère d'Orgon.

ORGON, mari d'Elmire.

ELMIRE, femme d'Orgon.

DAMIS, fils d'Orgon.

MARIANE, fille d'Orgon.

VALÈRE, amant de Mariane.

CLÉANTE, beau-frère d'Orgon.

TARTUFFE, faux dévot.

DORINE, suivante de Mariane.

Monsieur LOYAL, sergent.

UN EXEMPT.

FLIPOTE, servante de madame Pernelle.

La scène est à Paris, dans la maison d'Orgon.

LE TARTUFFE.

ACTE PREMIER.

SCÈNE I.

MADAME PERNELLE, ELMIRE, MARIANE, CLÉANTE, DAMIS, DORINE, FLIPOTE.

MADAME PERNELLE.

Allons, Flipote, allons ; que d'eux je me délivre.

ELMIRE.

Vous marchez d'un tel pas, qu'on a peine à vous suivre.

MADAME PERNELLE.

Laissez, ma bru, laissez ; ne venez pas plus loin :
Ce sont toutes façons dont je n'ai pas besoin.

ELMIRE.

De ce que l'on vous doit envers vous l'on s'acquitte.
Mais, ma mère, d'où vient que vous sortez si vite ?

MADAME PERNELLE.

C'est que je ne puis voir tout ce ménage-ci,
Et que de me complaire on ne prend nul souci.
Oui, je sors de chez vous fort mal édifiée :
Dans toutes mes leçons j'y suis contrariée ;
On n'y respecte rien, chacun y parle haut,
Et c'est tout justement la cour du roi Pétaud.

DORINE.

Si..

MADAME PERNELLE.

Vous êtes, ma mie, une fille suivante,
Un peu trop forte en gueule, et fort impertinente;
Vous vous mêlez sur tout de dire votre avis.

DAMIS.

Mais...

MADAME PERNELLE.

Vous êtes un sot, en trois lettres, mon fils;
C'est moi qui vous le dis, qui suis votre grand'mère;
Et j'ai prédit cent fois à mon fils, votre père,
Que vous preniez tout l'air d'un méchant garnement,
Et ne lui donneriez jamais que du tourment.

MARIANE.

Je crois...

MADAME PERNELLE.

Mon dieu! sa sœur, vous faites la discrète,
Et vous n'y touchez pas, tant vous semblez doucette!
Mais il n'est, comme on dit, pire eau que l'eau qui dort;
Et vous menez, sous cape, un train que je hais fort.

ELMIRE.

Mais, ma mère...

MADAME PERNELLE.

Ma bru, qu'il ne vous en déplaise,
Votre conduite, en tout, est tout-à-fait mauvaise;
Vous devriez leur mettre un bon exemple aux yeux;
Et leur défunte mère en usoit beaucoup mieux.
Vous êtes dépensière; et cet état me blesse,
Que vous alliez vêtue ainsi qu'une princesse.
Quiconque à son mari veut plaire seulement,

Ma bru, n'a pas besoin de tant d'ajustement.

CLÉANTE.

Mais, madame, après tout...

MADAME PERNELLE.

Pour vous, monsieur son frère,
Je vous estime fort, vous aime, et vous révère ;
Mais enfin, si j'étois de mon fils, son époux,
Je vous prierois bien fort de n'entrer point chez nous.
Sans cesse vous prêchez des maximes de vivre
Qui par d'honnêtes gens ne se doivent point suivre.
Je vous parle un peu franc ; mais c'est là mon humeur,
Et je ne mâche point ce que j'ai sur le cœur.

DAMIS.

Votre monsieur Tartuffe est bien heureux, sans doute.

MADAME PERNELLE.

C'est un homme de bien, qu'il faut que l'on écoute ;
Et je ne puis souffrir, sans me mettre en courroux,
De le voir quereller par un fou comme vous.

DAMIS.

Quoi ! je souffrirai, moi, qu'un cagot de critique
Vienne usurper céans un pouvoir tyrannique ;
Et que nous ne puissions à rien nous divertir,
Si ce beau monsieur-là n'y daigne consentir ?

DORINE.

S'il le faut écouter et croire à ses maximes,
On ne peut faire rien qu'on ne fasse des crimes ;
Car il contrôle tout, ce critique zélé.

MADAME PERNELLE.

Et tout ce qu'il contrôle est fort bien contrôlé.
C'est au chemin du ciel qu'il prétend vous conduire :
Et mon fils à l'aimer vous devroit tous induire.

1.

DAMIS.

Non, voyez-vous, ma mère, il n'est père, ni rien,
Qui me puisse obliger à lui vouloir du bien :
Je trahirois mon cœur de parler d'autre sorte.
Sur ses façons de faire à tous coups je m'emporte :
J'en prévois une suite, et qu'avec ce pied-plat
Il faudra que j'en vienne à quelque grand éclat.

DORINE.

Certes, c'est une chose aussi qui scandalise,
De voir qu'un inconnu céans s'impatronise ;
Qu'un gueux, qui, quand il vint, n'avoit pas de souliers,
Et dont l'habit entier valoit bien six deniers,
En vienne jusque-là que de se méconnoître,
De contrarier tout, et de faire le maître.

MADAME PERNELLE.

Hé ! merci de ma vie ! il en iroit bien mieux,
Si tout se gouvernoit par ses ordres pieux.

DORINE.

Il passe pour un saint dans votre fantaisie :
Tout son fait, croyez-moi, n'est rien qu'hypocrisie.

MADAME PERNELLE.

Voyez la langue !

DORINE.

       A lui, non plus qu'à son Laurent,
Je ne me fierois, moi, que sur un bon garant.

MADAME PERNELLE.

J'ignore ce qu'au fond le serviteur peut être ;
Mais pour homme de bien je garantis le maître.
Vous ne lui voulez mal et ne le rebutez
Qu'à cause qu'il vous dit à tous vos vérités.
C'est contre le péché que son cœur se courrouce,

Et l'intérêt du ciel est tout ce qui le pousse.

DORINE.

Oui; mais pourquoi, sur-tout depuis un certain temps,
Ne sauroit-il souffrir qu'aucun hante céans ?
En quoi blesse le ciel une visite honnête,
Pour en faire un vacarme à nous rompre la tête ?
Veut-on que là-dessus je m'explique entre nous ?...
    (montrant Elmire.)
Je crois que de madame il est, ma foi, jaloux.

MADAME PERNELLE.

Taisez-vous, et songez aux choses que vous dites.
Ce n'est pas lui tout seul qui blâme ces visites :
Tout ce tracas qui suit les gens que vous hantez,
Ces carrosses sans cesse à la porte plantés,
Et de tant de laquais le bruyant assemblage,
Font un éclat fâcheux dans tout le voisinage.
Je veux croire qu'au fond il ne se passe rien :
Mais enfin on en parle; et cela n'est pas bien.

CLÉANTE.

Hé ! voulez-vous, madame, empêcher qu'on ne cause ?
Ce seroit dans la vie une fâcheuse chose,
Si, pour les sots discours où l'on peut être mis,
Il falloit renoncer à ses meilleurs amis.
Et quand même on pourroit se résoudre à le faire,
Croiriez-vous obliger tout le monde à se taire ?
Contre la médisance il n'est point de rempart.
A tous les sots caquets n'ayons donc nul égard;
Efforçons-nous de vivre avec toute innocence,
Et laissons aux causeurs une pleine licence.

DORINE.

Daphné, notre voisine, et son petit époux,
Ne seroient-ils point ceux qui parlent mal de nous ?

Ceux de qui la conduite offre le plus à rire
Sont toujours sur autrui les premiers à médire :
Ils ne manquent jamais de saisir promptement
L'apparente lueur du moindre attachement,
D'en semer la nouvelle avec beaucoup de joie,
Et d'y donner le tour qu'ils veulent qu'on y croie :
Des actions d'autrui, teintes de leurs couleurs,
Ils pensent dans le monde autoriser les leurs,
Et, sous le faux espoir de quelque ressemblance,
Aux intrigues qu'ils ont donner de l'innocence,
Ou faire ailleurs tomber quelques traits partagés
De ce blâme public dont ils sont trop chargés.

MADAME PERNELLE.

Tous ces raisonnements ne font rien à l'affaire.
On sait qu'Orante mène une vie exemplaire ;
Tous ses soins vont au ciel . et j'ai su par des gens
Qu'elle condamne fort le train qui vient céans.

DORINE.

L'exemple est admirable, et cette dame est bonne !
Il est vrai qu'elle vit en austère personne ;
Mais l'âge dans son ame a mis ce zèle ardent,
Et l'on sait qu'elle est prude à son corps défendant.
Tant qu'elle a pu des cœurs attirer les hommages,
Elle a fort bien joui de tous ses avantages :
Mais voyant de ses yeux tous les brillants baisser,
Au monde qui la quitte elle veut renoncer,
Et du voile pompeux d'une haute sagesse
De ses attraits usés déguiser la foiblesse.
Ce sont là les retours des coquettes du temps :
Il leur est dur de voir déserter les galants.
Dans un tel abandon, leur sombre inquiétude
Ne voit d'autre recours que le métier de prude ;

Et la sévérité de ces femmes de bien
Censure toute chose, et ne pardonne à rien;
Hautement d'un chacun elles blâment la vie,
Non point par charité, mais par un trait d'envie
Qui ne sauroit souffrir qu'un autre ait les plaisirs
Dont le penchant de l'âge a sevré leurs désirs.

MADAME PERNELLE, *à Elmire.*

Voilà les contes bleus qu'il vous faut pour vous plaire,
Ma bru. L'on est chez vous contrainte de se taire :
Car madame, à jaser, tient le dé tout le jour.
Mais enfin je prétends discourir à mon tour :
Je vous dis que mon fils n'a rien fait de plus sage
Qu'en recueillant chez soi ce dévot personnage;
Que le ciel au besoin l'a céans envoyé
Pour redresser à tous votre esprit fourvoyé;
Que, pour votre salut, vous le devez entendre;
Et qu'il ne reprend rien qui ne soit à reprendre.
Ces visites, ces bals, ces conversations,
Sont du malin esprit toutes inventions.
Là, jamais on n'entend de pieuses paroles;
Ce sont propos oisifs, chansons et fariboles :
Bien souvent le prochain en a sa bonne part,
Et l'on y sait médire et du tiers et du quart.
Enfin les gens sensés ont leurs têtes troublées
De la confusion de telles assemblées :
Mille caquets divers s'y font en moins de rien;
Et, comme l'autre jour un docteur dit fort bien,
C'est véritablement la tour de Babylone,
Car chacun y babille, et tout du long de l'aune :
Et pour conter l'histoire où ce point l'engagea...

(*montrant Cléante.*)

Voilà-t-il pas monsieur qui ricane déjà !

Allez chercher vos fous qui vous donnent à rire,
      (*à Elmire.*)
Et sans... Adieu, ma bru ; je ne veux plus rien dire.
Sachez que pour céans j'en rabats de moitié,
Et qu'il fera beau temps quand j'y mettrai le pié.
      (*donnant un soufflet à Flipote.*)
Allons, vous, vous rêvez, et bayez aux corneilles.
Jour de dieu ! je saurai vous frotter les oreilles.
Marchons, gaupe, marchons.

SCÈNE II.

CLÉANTE, DORINE.

CLÉANTE.

           Je n'y veux point aller,
De peur qu'elle ne vînt encor me quereller ;
Que cette bonne femme...

DORINE.

           Ah ! certes, c'est dommage
Qu'elle ne vous ouît tenir un tel langage :
Elle vous diroit bien qu'elle vous trouve bon,
Et qu'elle n'est point d'âge à lui donner ce nom

CLÉANTE.

Comme elle s'est pour rien contre nous échauffée !
Et que de son Tartuffe elle paroît coiffée !

DORINE

Oh ! vraiment, tout cela n'est rien au prix du fils :
Et, si vous l'aviez vu, vous diriez, C'est bien pis !
Nos troubles l'avoient mis sur le pied d'homme sage
Et, pour servir son prince, il montra du courage :
Mais il est devenu comme un homme hébété,
Depuis que de Tartuffe on le voit entêté ;

Il l'appelle son frère, et l'aime dans son ame
Cent fois plus qu'il ne fait mère, fils, fille, et femme.
C'est de tous ses secrets l'unique confident,
Et de ses actions le directeur prudent ;
Il le choie, il l'embrasse ; et pour une maîtresse
On ne sauroit, je pense, avoir plus de tendresse :
A table, au plus haut bout il veut qu'il soit assis ;
Avec joie il l'y voit manger autant que six ;
Les bons morceaux de tout, il faut qu'on les lui cède ;
Et, s'il vient à roter, il lui dit, Dieu vous aide !
Enfin il en est fou ; c'est son tout, son héros ;
Il l'admire à tous coups, le cite à tous propos ;
Ses moindres actions lui semblent des miracles,
Et tous les mots qu'il dit sont pour lui des oracles.
Lui, qui connoît sa dupe, et qui veut en jouir,
Par cent dehors fardés a l'art de l'éblouir ;
Son cagotisme en tire, à toute heure, des sommes,
Et prend droit de gloser sur tous tant que nous sommes.
Il n'est pas jusqu'au fat qui lui sert de garçon
Qui ne se mêle aussi de nous faire leçon ;
Il vient nous sermonner avec des yeux farouches,
Et jeter nos rubans, notre rouge et nos mouches.
Le traître, l'autre jour, nous rompit de ses mains
Un mouchoir qu'il trouva dans une Fleur des saints,
Disant que nous mêlions, par un crime effroyable,
Avec la sainteté les parures du diable.

SCÈNE III.

ELMIRE, MARIANE, DAMIS, CLÉANTE, DORINE.

ELMIRE, *à Cléante.*

Vous êtes bien heureux de n'être point venu

Au discours qu'à la porte elle nous a tenu.
Mais j'ai vu mon mari ; comme il ne m'a point vue,
Je veux aller là-haut attendre sa venue.

CLÉANTE.

Moi, je l'attends ici pour moins d'amusement ;
Et je vais lui donner le bon jour seulement.

SCÈNE IV.

CLÉANTE, DAMIS, DORINE.

DAMIS.

DE l'hymen de ma sœur touchez-lui quelque chose.
J'ai soupçon que Tartuffe à son effet s'oppose,
Qu'il oblige mon père à des détours si grands ;
Et vous n'ignorez pas quel intérêt j'y prends.
Si même ardeur enflamme et ma sœur et Valère,
La sœur de cet ami, vous le savez, m'est chère ;
Et s'il falloit...

DORINE.

Il entre.

SCÈNE V.

ORGON, CLÉANTE, DORINE.

ORGON.

Ah ! mon frère, bon jour.

CLÉANTE.

Je sortois, et j'ai joie à vous voir de retour.
La campagne à présent n'est pas beaucoup fleurie.

ORGON.

(à Cléante.)

Dorine... Mon beau-frère, attendez, je vous prie.

Vous voulez bien souffrir, pour m'ôter de souci,
Que je m'informe un peu des nouvelles d'ici.
    (à Dorine.)
Tout s'est-il, ces deux jours, passé de bonne sorte ?
Qu'est-ce qu'on fait céans ? comme est-ce qu'on s'y porte ?

DORINE.

Madame eut avant-hier la fièvre jusqu'au soir,
Avec un mal de tête étrange à concevoir.

ORGON.

Et Tartuffe ?

DORINE.

        Tartuffe ! il se porte à merveille,
Gros et gras, le teint frais, et la bouche vermeille.

ORGON.

Le pauvre homme !

DORINE

        Le soir, elle eut un grand dégoût,
Et ne put, au souper, toucher à rien du tout,
Tant sa douleur de tête étoit encor cruelle !

ORGON.

Et Tartuffe ?

DORINE.

        Il soupa, lui tout seul, devant elle ;
Et fort dévotement il mangea deux perdrix,
Avec une moitié de gigot en hachis.

ORGON.

Le pauvre homme !

DORINE.

        La nuit se passa tout entière
Sans qu'elle pût fermer un moment la paupière ;
Des chaleurs l'empêchoient de pouvoir sommeiller,
Et jusqu'au jour, près d'elle, il nous fallut veiller.

ORGON.

Et Tartuffe ?

DORINE.

Pressé d'un sommeil agréable,
Il passa dans sa chambre au sortir de la table ;
Et dans son lit bien chaud il se mit tout soudain.
Où, sans trouble, il dormit jusques au lendemain.

ORGON.

Le pauvre homme !

DORINE.

A la fin, par nos raisons gagnée,
Elle se résolut à souffrir la saignée ;
Et le soulagement suivit tout aussitôt.

ORGON.

Et Tartuffe ?

DORINE.

Il reprit courage comme il faut ;
Et, contre tous les maux fortifiant son ame,
Pour réparer le sang qu'avoit perdu madame,
But, à son déjeuné, quatre grands coups de vin.

ORGON.

Le pauvre homme !

DORINE.

Tous deux se portent bien enfin :
Et je vais à madame annoncer, par avance,
La part que vous prenez à sa convalescence.

SCÈNE VI.

ORGON, CLÉANTE.

CLÉANTE.

A votre nez, mon frère, elle se rit de vous :

Et, sans avoir dessein de vous mettre en courroux,
Je vous dirai tout franc que c'est avec justice.
A-t-on jamais parlé d'un semblable caprice ?
Et se peut-il qu'un homme ait un charme aujourd'hui
A vous faire oublier toutes choses pour lui ;
Qu'après avoir chez vous réparé sa misère,
Vous en veniez au point... ?

ORGON.

                    Halte-là, mon beau-frère ;
Vous ne connoissez pas celui dont vous parlez.

CLÉANTE.

Je ne le connois pas, puisque vous le voulez ;
Mais enfin, pour savoir quel homme ce peut être...

ORGON.

Mon frère, vous seriez charmé de le connoître,
Et vos ravissements ne prendroient point de fin.
C'est un homme... qui... ah !... un homme... un homme enfin...
Qui suit bien ses leçons, goûte une paix profonde,
Et comme du fumier regarde tout le monde.
Oui, je deviens tout autre avec son entretien ;
Il m'enseigne à n'avoir affection pour rien,
De toutes amitiés il détache mon ame ;
Et je verrois mourir frère, enfants, mère, et femme,
Que je m'en souciérois autant que de cela.

CLÉANTE.

Les sentiments humains, mon frère, que voilà !

ORGON.

Ah ! si vous aviez vu comme j'en fis rencontre,
Vous auriez pris pour lui l'amitié que je montre.
Chaque jour à l'église il venoit, d'un air doux,
Tout vis-à-vis de moi se mettre à deux genoux.
Il attiroit les yeux de l'assemblée entière

Par l'ardeur dont au ciel il poussoit sa prière;
Il faisoit des soupirs, de grands élancements,
Et baisoit humblement la terre à tous moments :
Et, lorsque je sortois, il me devançoit vite
Pour m'aller, à la porte, offrir de l'eau bénite.
Instruit par son garçon, qui dans tout l'imitoit,
Et de son indigence, et de ce qu'il étoit,
Je lui faisois des dons : mais, avec modestie,
Il me vouloit toujours en rendre une partie.
C'est trop, me disoit-il, *c'est trop de la moitié;*
Je ne mérite pas de vous faire pitié.
Et quand je refusois de le vouloir reprendre,
Aux pauvres, à mes yeux, il alloit le répandre.
Enfin le ciel chez moi me le fit retirer,
Et depuis ce temps-là tout semble y prospérer.
Je vois qu'il reprend tout, et qu'à ma femme même
Il prend, pour mon honneur, un intérêt extrême;
Il m'avertit des gens qui lui font les yeux doux,
Et plus que moi six fois il s'en montre jaloux.
Mais vous ne croiriez point jusqu'où monte son zèle :
Il s'impute à péché la moindre bagatelle;
Un rien presque suffit pour le scandaliser;
Jusque-là qu'il se vint, l'autre jour, accuser
D'avoir pris une puce en faisant sa prière
Et de l'avoir tuée avec trop de colère.

CLÉANTE.

Parbleu! vous êtes fou, mon frère, que je croi.
Avec de tels discours vous moquez-vous de moi?
Et que prétendez vous ? Que tout ce badinage...

ORGON.

Mon frère, ce discours sent le libertinage :
Vous en êtes un peu dans votre ame entiché;

Et, comme je vous l'ai plus de dix fois prêché,
Vous vous attirerez quelque méchante affaire.

CLÉANTE.

Voilà de vos pareils le discours ordinaire :
Ils veulent que chacun soit aveugle comme eux.
C'est être libertin que d'avoir de bons yeux ;
Et qui n'adore pas de vaines simagrées
N'a ni respect ni foi pour les choses sacrées.
Allez, tous vos discours ne me font point de peur ;
Je sais comme je parle, et le ciel voit mon cœur.
De tous vos façonniers on n'est point les esclaves.
Il est de faux dévots ainsi que de faux braves :
Et comme on ne voit pas qu'où l'honneur les conduit
Les vrais braves soient ceux qui font beaucoup de bruit,
Les bons et vrais dévots, qu'on doit suivre à la trace,
Ne sont pas ceux aussi qui font tant de grimace.
Hé quoi ! vous ne ferez nulle distinction
Entre l'hypocrisie et la dévotion ?
Vous les voulez traiter d'un semblable langage,
Et rendre même honneur au masque qu'au visage,
Égaler l'artifice à la sincérité,
Confondre l'apparence avec la vérité,
Estimer le fantôme autant que la personne,
Et la fausse monnoie à l'égal de la bonne ?
Les hommes la plupart sont étrangement faits ;
Dans la juste nature on ne les voit jamais :
La raison a pour eux des bornes trop petites,
En chaque caractère ils passent ses limites ;
Et la plus noble chose, ils la gâtent souvent
Pour la vouloir outrer et pousser trop avant.
Que cela vous soit dit en passant, mon beau-frère.

ORGON.

Oui, **vous** êtes sans doute un docteur qu'on révère,
Tout le savoir du monde est chez vous retiré ;
Vous êtes le seul sage et le seul éclairé,
Un oracle, un Caton dans le siècle où nous sommes ;
Et près de vous ce sont des sots que tous les hommes.

CLÉANTE.

Je ne suis point, mon frère, un docteur révéré ;
Et le savoir chez moi n'est pas tout retiré.
Mais, en un mot, je sais, pour toute ma science,
Du faux avec le vrai faire la différence.
Et comme je ne vois nul genre de héros
Qui soit plus à priser que les parfaits dévots,
Aucune chose au monde et plus noble et plus belle
Que la sainte ferveur d'un véritable zèle ;
Aussi ne vois-je rien qui soit plus odieux
Que le dehors plâtré d'un zèle spécieux,
Que ces francs charlatans, que ces dévots de place,
De qui la sacrilège et trompeuse grimace
Abuse impunément, et se joue, à leur gré,
De ce qu'ont les mortels de plus saint et sacré ;
Ces gens qui, par une ame à l'intérêt soumise,
Font de dévotion métier et marchandise,
Et veulent acheter crédit et dignités
A prix de faux clins d'yeux et d'élans affectés ;
Ces gens, dis-je, qu'on voit d'une ardeur non commune
Par le chemin du ciel courir à leur fortune ;
Qui, brûlants et priants, demandent chaque jour,
Et prêchent la retraite au milieu de la cour ;
Qui savent ajuster leur zèle avec leurs vices,
Sont prompts, vindicatifs, sans foi, pleins d'artifices,
Et pour perdre quelqu'un couvrent insolemment

De l'intérêt du ciel leur fier ressentiment,
D'autant plus dangereux dans leur âpre colère,
Qu'ils prennent contre nous des armes qu'on révère,
Et que leur passion, dont on leur sait bon gré,
Veut nous assassiner avec un fer sacré :
De ce faux caractère on en voit trop paroître.
Mais les dévots de cœur sont aisés à connoître.
Notre siècle, mon frère, en expose à nos yeux
Qui peuvent nous servir d'exemples glorieux.
Regardez Ariston, regardez Périandre,
Oronte, Alcidamas, Polydore, Clitandre ;
Ce titre par aucun ne leur est débattu,
Ce ne sont point du tout fanfarons de vertu ;
On ne voit point en eux ce faste insupportable,
Et leur dévotion est humaine, est traitable :
Ils ne censurent point toutes nos actions,
Ils trouvent trop d'orgueil dans ces corrections ;
Et, laissant la fierté des paroles aux autres,
C'est par leurs actions qu'ils reprennent les nôtres.
L'apparence du mal a chez eux peu d'appui,
Et leur ame est portée à juger bien d'autrui.
Point de cabale en eux, point d'intrigues à suivre ;
On les voit, pour tous soins, se mêler de bien vivre
Jamais contre un pécheur ils n'ont d'acharnement,
Ils attachent leur haine au péché seulement,
Et ne veulent point prendre, avec un zèle extrême,
Les intérêts du ciel plus qu'il ne veut lui-même.
Voilà mes gens, voilà comme il en faut user.
Voilà l'exemple enfin qu'il se faut proposer.
Votre homme, à dire vrai, n'est pas de ce modèle.
C'est de fort bonne foi que vous vantez son zèle ;
Mais par un faux éclat je vous crois ébloui.

ORGON.

Monsieur mon cher beau-frère, avez-vous tout dit?

CLÉANTE.

Oui.

ORGON, *s'en allant.*

Je suis votre valet.

CLÉANTE.

De grace, un mot, mon frère.
Laissons là ce discours. Vous savez que Valère,
Pour être votre gendre, a parole de vous.

ORGON.

Oui.

CLÉANTE.

Vous aviez pris jour pour un lien si doux.

ORGON.

Il est vrai.

CLÉANTE.

Pourquoi donc en différer la fête?

ORGON.

Je ne sais.

CLÉANTE.

Auriez-vous autre pensée en tête?

ORGON.

Peut-être.

CLÉANTE.

Vous voulez manquer à votre foi?

ORGON.

Je ne dis pas cela.

CLÉANTE.

Nul obstacle, je croi,
Ne vous peut empêcher d'accomplir vos promesses,

ORGON.

Selon.

CLÉANTE.
Pour dire un mot faut-il tant de finesses?
Valère, sur ce point, me fait vous visiter.

ORGON.
Le ciel en soit loué!

CLÉANTE.
Mais que lui reporter?

ORGON.
Tout ce qu'il vous plaira.

CLÉANTE.
Mais il est nécessaire
De savoir vos desseins. Quels sont-ils donc?

ORGON.
De faire
Ce que le ciel voudra.

CLÉANTE.
Mais parlons tout de bon.
Valère a votre foi; la tiendrez-vous, ou non?

ORGON.
Adieu.

CLÉANTE, *seul.*
Pour son amour je crains une disgrace,
Et je dois l'avertir de tout ce qui se passe.

FIN DU PREMIER ACTE.

ACTE SECOND.

SCÈNE I.

ORGON, MARIANE.

ORGON.

Mariane.

MARIANE.

Mon père?

ORGON.

Approchez, j'ai de quoi

Vous parler en secret.

MARIANE, *à Orgon qui regarde dans un cabinet.*

Que cherchez-vous?

ORGON.

Je voi

Si quelqu'un n'est point là qui pourroit nous entendre,
Car ce petit endroit est propre pour surprendre.
Or sus, nous voilà bien. J'ai, Mariane, en vous
Reconnu de tout temps un esprit assez doux,
Et de tout temps aussi vous m'avez été chère.

MARIANE.

Je suis fort redevable à cet amour de père.

ORGON.

C'est fort bien dit, ma fille; et, pour le mériter,
Vous devez n'avoir soin que de me contenter.

MARIANE.

C'est où je mets aussi ma gloire la plus haute.

ORGON.

Fort bien. Que dites-vous de Tartuffe notre hôte ?

MARIANE.

Qui ? moi ?

ORGON.

Vous. Voyez bien comme vous répondrez.

MARIANE.

Hélas ! j'en dirai, moi, tout ce que vous voudrez.

SCÈNE II

ORGON, MARIANE; DORINE, *entrant dou-*
cement, et se tenant derrière Orgon, sans être vue;

ORGON.

C'est parler sagement... Dites-moi donc, ma fille,
Qu'en toute sa personne un haut mérite brille,
Qu'il touche votre cœur, et qu'il vous seroit doux
De le voir, par mon choix, devenir votre époux.
Hé !

MARIANE.

Hé !

ORGON.

Qu'est-ce ?

MARIANE.

Plaît-il ?

ORGON.

Quoi ?

MARIANE.

Me suis-je mépris

ORGON.

Comment?

MARIANE.

Qui voulez-vous, mon père, que je dise
Qui me touche le cœur, et qu'il me seroit doux
De voir, par votre choix, devenir mon époux?

ORGON.

Tartuffe.

MARIANE.

Il n'en est rien, mon père, je vous jure.
Pourquoi me faire dire une telle imposture?

ORGON.

Mais je veux que cela soit une vérité;
Et c'est assez pour vous que je l'aie arrêté.

MARIANE.

Quoi! vous voulez, mon père...?

ORGON.

Oui, je prétends, ma fille,
Unir, par votre hymen, Tartuffe à ma famille.
Il sera votre époux, j'ai résolu cela.
(apercevant Dorine.)
Et comme sur vos vœux je... Que faites-vous là?
La curiosité qui vous presse est bien forte,
Ma mie, à nous venir écouter de la sorte.

DORINE.

Vraiment, je ne sais pas si c'est un bruit qui part
De quelque conjecture, ou d'un coup de hasard;
Mais de ce mariage on m'a dit la nouvelle,
Et j'ai traité cela de pure bagatelle.

ORGON.

Quoi donc! la chose est-elle incroyable?

DORINE.

                  A tel point ,
Que vous-même, monsieur, je ne vous en crois point.

ORGON.

Je sais bien le moyen de vous le faire croire.

DORINE.

Oui ! oui ! vous nous contez une plaisante histoire !

ORGON.

Je conte justement ce qu'on verra dans peu.

DORINE.

Chansons !

ORGON.

        Ce que je dis, ma fille, n'est point jeu.

DORINE.

Allez, ne croyez point à monsieur votre père ;
Il raille.

ORGON.

      Je vous dis......

DORINE.

           Non, vous avez beau faire,
On ne vous croira point.

ORGON.

          A la fin mon courroux....

DORINE.

Hé bien ! on vous croit donc ; et c'est tant pis pour vous.
Quoi ! se peut-il, monsieur, qu'avec l'air d'homme sage,
Et cette large barbe au milieu du visage,
Vous soyez assez fou pour vouloir...?

ORGON.

               Écoutez :
Vous avez pris céans certaines privautés
Qui ne me plaisent point ; je vous le dis, ma mie.

2.

DORINE.

Parlons sans nous fâcher, monsieur, je vous supplie.
Vous moquez-vous des gens d'avoir fait ce complot ?
Votre fille n'est point l'affaire d'un bigot :
Il a d'autres emplois auxquels il faut qu'il pense.
Et puis, que vous apporte une telle alliance ?
A quel sujet aller, avec tout votre bien,
Choisir un gendre gueux...?

ORGON.

           Taisez-vous. S'il n'a rien,
Sachez que c'est par-là qu'il faut qu'on le révère.
Sa misère est sans doute une honnête misère ;
Au-dessus des grandeurs elle doit l'élever,
Puisqu'enfin de son bien il s'est laissé priver
Par son trop peu de soin des choses temporelles,
Et sa puissante attache aux choses éternelles.
Mais mon secours pourra lui donner les moyens
De sortir d'embarras, et rentrer dans ses biens :
Ce sont fiefs qu'à bon titre au pays on renomme ;
Et, tel que l'on le voit, il est bien gentilhomme.

DORINE.

Oui, c'est lui qui le dit ; et cette vanité,
Monsieur, ne sied pas bien avec la piété.
Qui d'une sainte vie embrasse l'innocence
Ne doit point tant prôner son nom et sa naissance :
Et l'humble procédé de la dévotion
Souffre mal les éclats de cette ambition.
A quoi bon cet orgueil ?... Mais ce discours vous blesse ;
Parlons de sa personne, et laissons sa noblesse.
Ferez-vous possesseur, sans quelque peu d'ennui
D'une fille comme elle un homme comme lui ?
Et ne devez-vous pas songer aux bienséances,

Et de cette union prévoir les conséquences ?
Sachez que d'une fille on risque la vertu,
Lorsque dans son hymen son goût est combattu ;
Que le dessein d'y vivre en honnête personne
Dépend des qualités du mari qu'on lui donne ;
Et que ceux dont par-tout on montre au doigt le front
Font leurs femmes souvent ce qu'on voit qu'elles sont.
Il est bien difficile enfin d'être fidèle
A de certains maris faits d'un certain modèle ;
Et qui donne à sa fille un homme qu'elle hait
Est responsable au ciel des fautes qu'elle fait.
Songez à quels périls votre dessein vous livre.

ORGON.

Je vous dis qu'il me faut apprendre d'elle à vivre !

DORINE.

Vous n'en feriez que mieux de suivre mes leçons.

ORGON.

Ne nous amusons point, ma fille, à ces chansons ;
Je sais ce qu'il vous faut, et je suis votre père.
J'avois donné pour vous ma parole à Valère :
Mais outre qu'à jouer on dit qu'il est enclin,
Je le soupçonne encor d'être un peu libertin ;
Je ne remarque point qu'il hante les églises.

DORINE.

Voulez-vous qu'il y coure à vos heures précises,
Comme ceux qui n'y vont que pour être aperçus ?

ORGON.

Je ne demande pas votre avis là-dessus.
Enfin avec le ciel l'autre est le mieux du monde,
Et c'est une richesse à nulle autre seconde.
Cet hymen de tous biens comblera vos désirs,
Il sera tout confit en douceurs et plaisirs.

Ensemble vous vivrez, dans vos ardeurs fidèles ;
Comme deux vrais enfants, comme deux tourterelles
A nul fâcheux débat jamais vous n'en viendrez ;
Et vous ferez de lui tout ce que vous voudrez.

DORINE.

Elle ! elle n'en fera qu'un sot, je vous assure.

ORGON.

Ouais ! quels discours !

DORINE.

Je dis qu'il en a l'encolure ,
Et que son ascendant, monsieur, l'emportera
Sur toute la vertu que votre fille aura.

ORGON.

Cessez de m'interrompre, et songez à vous taire,
Sans mettre votre nez où vous n'avez que faire.

DORINE.

Je n'en parle, monsieur, que pour votre intérêt.

ORGON.

C'est prendre trop de soin ; taisez-vous, s'il vous plait.

DORINE.

Si l'on ne vous aimoit...

ORGON.

Je ne veux pas qu'on m'aime.

DORINE.

Et je veux vous aimer, monsieur, malgré vous-même.

ORGON.

Ah !

DORINE.

Votre honneur m'est cher, et je ne puis souffrir
Qu'aux brocards d'un chacun vous alliez vous offrir.

ORGON.

Vous ne vous tairez point !

DORINE.

C'est une conscience
Que de vous laisser faire une telle alliance.

ORGON.

Te tairas-tu, serpent, dont les traits effrontés...?

DORINE.

Ah ! vous êtes dévot, et vous vous emportez !

ORGON.

Oui, ma bile s'échauffe à toutes ces fadaises,
Et tout résolument je veux que tu te taises.

DORINE.

Soit. Mais, ne disant mot, je n'en pense pas moins.

ORGON.

Pense, si tu le veux ; mais applique tes soins

(à sa fille.)

A ne m'en point parler, ou... Suffit... Comme sage,
J'ai pesé mûrement toutes choses.

DORINE, à part.

J'enrage
De ne pouvoir parler.

ORGON.

Sans être damoiseau,
Tartuffe est fait de sorte...

DORINE, à part.

Oui, c'est un beau museau.

ORGON.

Que quand tu n'aurois même aucune sympathie
Pour tous les autres dons...

DORINE, à part.

La voilà bien lotie !

(Orgon se tourne du côté de Dorine, et, les bras croi-
sés, l'écoute, et la regarde en face.)

Si j'étois en sa place, un homme assurément
Ne m'épouseroit pas de force impunément ;
Et je lui ferois voir, bientôt après la fête,
Qu'une femme a toujours une vengeance prête.

ORGON, *à Dorine.*

Donc de ce que je dis on ne fera nul cas ?

DORINE.

De quoi vous plaignez-vous ? Je ne vous parle pas.

ORGON.

Qu'est-ce que tu fais donc ?

DORINE.

Je me parle à moi-même.

ORGON, *à part.*

Fort bien. Pour châtier son insolence extrême,
Il faut que je lui donne un revers de ma main.
(*Il se met en posture de donner un soufflet à Dorine ;
et, à chaque mot qu'il dit à sa fille, il se tourne
pour regarder Dorine , qui se tient droite sans
parler.*)
Ma fille, vous devez approuver mon dessein...
Croire que le mari... que j'ai su vous élire...
(*à Dorine.*)
Que ne te parles-tu ?

DORINE.

Je n'ai rien à me dire.

ORGON.

Encore un petit mot.

DORINE.

Il ne me plaît pas, moi.

ORGON.

Certes je t'y guettois.

DORINE.

Quelque sotte, ma foi!

ORGON.

Enfin, ma fille, il faut payer d'obéissance,
Et montrer pour mon choix entière déférence.

DORINE, *en s'enfuyant.*

Je me moquerois fort de prendre un tel époux.

ORGON, *après avoir manqué de donner un soufflet
à Dorine.*

Vous avez là, ma fille, une peste avec vous,
Avec qui, sans péché, je ne saurois plus vivre.
Je me sens hors d'état maintenant de poursuivre;
Ses discours insolents m'ont mis l'esprit en feu,
Et je vais prendre l'air pour me rasseoir un peu.

SCÈNE III.

MARIANE, DORINE.

DORINE.

Avez-vous donc perdu, dites-moi, la parole?
Et faut-il qu'en ceci je fasse votre rôle?
Souffrir qu'on vous propose un projet insensé,
Sans que du moindre mot vous l'ayez repoussé!

MARIANE.

Contre un père absolu que veux-tu que je fasse?

DORINE.

Ce qu'il faut pour parer une telle menace.

MARIANE.

Quoi?

DORINE.

Lui dire qu'un cœur n'aime point par autrui;
Que vous vous mariez pour vous, non pas pour lui,

Qu'étant celle pour qui se fait toute l'affaire,
C'est à vous, non à lui, que le mari doit plaire;
Et que si son Tartuffe est pour lui si charmant,
Il le peut épouser sans nul empêchement.

MARIANE.

Un père, je l'avoue, a sur nous tant d'empire,
Que je n'ai jamais eu la force de rien dire.

DORINE.

Mais raisonnons. Valère a fait pour vous des pas :
L'aimez-vous, je vous prie, ou ne l'aimez-vous pas ?

MARIANE.

Ah! qu'envers mon amour ton injustice est grande,
Dorine! me dois-tu faire cette demande ?
T'ai-je pas là-dessus ouvert cent fois mon cœur ?
Et sais-tu pas pour lui jusqu'où va mon ardeur?

DORINE.

Que sais-je si le cœur a parlé par la bouche,
Et si c'est tout de bon que cet amant vous touche?

MARIANE.

Tu me fais un grand tort, Dorine, d'en douter;
Et mes vrais sentiments ont su trop éclater

DORINE.

Enfin, vous l'aimez donc ?

MARIANE.

            Oui, d'une ardeur extrême.

DORINE.

Et selon l'apparence il vous aime de même?

MARIANE.

Je le crois.

DORINE.

         Et tous deux brûlez également
De vous voir mariés ensemble ?

MARIANE.

Assurément.

DORINE.

Sur cette autre union quelle est donc votre attente ?

MARIANE.

De me donner la mort, si l'on me violente.

DORINE.

Fort bien. C'est un recours où je ne songeois pas.
Vous n'avez qu'à mourir pour sortir d'embarras.
Le remède sans doute est merveilleux. J'enrage
Lorsque j'entends tenir ces sortes de langage.

MARIANE.

Mon dieu ! de quelle humeur, Dorine, tu te rends !
Tu ne compatis point aux déplaisirs des gens.

DORINE.

Je ne compatis point à qui dit des sornettes,
Et dans l'occasion mollit comme vous faites.

MARIANE.

Mais que veux-tu ? si j'ai de la timidité...

DORINE.

Mais l'amour dans un cœur veut de la fermeté.

MARIANE.

Mais n'en gardé-je point pour les feux de Valère ?
Et n'est-ce pas à lui de m'obtenir d'un père ?

DORINE.

Mais quoi ! si votre père est un bourru fieffé,
Qui s'est de son Tartuffe entièrement coiffé,
Et manque à l'union qu'il avoit arrêtée,
La faute à votre amant doit-elle être imputée ?

MARIANE.

Mais, par un haut refus et d'éclatants mépris,

Ferai-je, dans mon choix, voir un cœur trop épris?
Sortirai-je pour lui, quelque éclat dont il brille,
De la pudeur du sexe, et du devoir de fille?
Et veux-tu que mes feux par le monde étalés...?

DORINE.

Non, non, je ne veux rien. Je vois que vous voulez
Être à monsieur Tartuffe; et j'aurois, quand j'y pense,
Tort de vous détourner d'une telle alliance.
Quelle raison aurois-je à combattre vos vœux?
Le parti de soi-même est fort avantageux.
Monsieur Tartuffe! ho! ho! n'est-ce rien qu'on propose?
Certes, monsieur Tartuffe, à bien prendre la chose,
N'est pas un homme, non, qui se mouche du pied;
Et ce n'est pas peu d'heur que d'être sa moitié.
Tout le monde déjà de gloire le couronne;
Il est noble chez lui, bien fait de sa personne;
Il a l'oreille rouge et le teint bien fleuri:
Vous vivrez trop contente avec un tel mari.

MARIANE.

Mon dieu!...

DORINE.

Quelle allégresse aurez-vous dans votre âme,
Quand d'un époux si beau vous vous verrez la femme.

MARIANE.

Ah! cesse, je te prie, un semblable discours;
Et contre cet hymen ouvre-moi du secours.
C'en est fait, je me rends, et suis prête à tout faire.

DORINE.

Non, il faut qu'une fille obéisse à son père,
Voulût-il lui donner un singe pour époux.
Votre sort est fort beau: de quoi vous plaignez-vous?

Vous irez par le coche en sa petite ville,
Qu'en oncles et cousins vous trouverez fertile,
Et vous vous plairez fort à les entretenir.
D'abord chez le beau monde on vous fera venir
Vous irez visiter, pour votre bien-venue,
Madame la baillive et madame l'élue,
Qui d'un siège pliant vous feront honorer.
Là, dans le carnaval, vous pourrez espérer
Le bal et la grand'bande, à savoir, deux musettes,
Et parfois Fagotin et les marionnettes;
Si pourtant votre époux...

MARIANE.

        Ah! tu me fais mourir.
De tes conseils plutôt songe à me secourir.

DORINE.

Je suis votre servante.

MARIANE.

Hé! Dorine, de grace...

DORINE.

Il faut pour vous punir que cette affaire passe.

MARIANE.

Ma pauvre fille !

DORINE.

   Non.

MARIANE.

Si mes vœux déclarés...

DORINE.

Point. Tartuffe est votre homme, et vous en tâterez.

MARIANE.

Tu sais qu'à toi toujours je me suis confiée :
Fais-moi...

DORINE.

Non, vous serez, ma foi, tartuffiée.

MARIANE.

Hé bien ! puisque mon sort ne sauroit t'émouvoir,
Laisse-moi désormais toute à mon désespoir :
C'est de lui que mon cœur empruntera de l'aide ;
Et je sais de mes maux l'infaillible remède.

(*Mariane veut s'en aller.*)

DORINE.

Hé ! là ; là, revenez. Je quitte mon courroux.
Il faut nonobstant tout avoir pitié de vous.

MARIANE.

Vois-tu, si l'on m'expose à ce cruel martyre,
Je te le dis, Dorine, il faudra que j'expire.

DORINE.

Ne vous tourmentez point. On peut adroitement
Empêcher... Mais voici Valère, votre amant.

SCÈNE IV.

VALÈRE, MARIANE, DORINE.

VALÈRE.

On vient de débiter, madame, une nouvelle
Que je ne savois pas, et qui sans doute est belle.

MARIANE.

Quoi ?

VALÈRE.

Que vous épousez Tartuffe.

MARIANE.

Il est certain

Que mon père s'est mis en tête ce dessein.

VALÈRE.

Votre père, madame !...

MARIANE.

A changé de visée :
La chose vient par lui de m'être proposée.

VALÈRE.

Quoi ! sérieusement ?

MARIANE.

Oui, sérieusement.
Il s'est pour cet hymen déclaré hautement.

VALÈRE.

Et quel est le dessein où votre ame s'arrête,
Madame ?

MARIANE.

Je ne sais.

VALÈRE.

La réponse est honnête.
Vous ne savez ?

MARIANE.

Non.

VALÈRE.

Non ?

MARIANE.

Que me conseillez-vous ?

VALÈRE.

Je vous conseille, moi, de prendre cet époux.

MARIANE.

Vous me le conseillez ?

VALÈRE.

Oui.

MARIANE.

Tout de bon ?

VALÈRE.

Sans douté.

Le choix est glorieux, et vaut bien qu'on l'écoute.

MARIANE.

Hé bien ! c'est un conseil, monsieur, que je reçois.

VALÈRE.

Vous n'aurez pas grand'peine à le suivre, je crois.

MARIANE.

Pas plus qu'à le donner en a souffert votre ame.

VALÈRE.

Moi, je vous l'ai donné pour vous plaire, madame.

MARIANE.

Et moi, je le suivrai pour vous faire plaisir.

DORINE, *se retirant dans le fond du théâtre*

Voyons ce qui pourra de ceci réussir.

VALÈRE.

C'est donc ainsi qu'on aime ? et c'étoit tromperie
Quand vous...

MARIANE.

Ne parlons point de cela, je vous prie.
Vous m'avez dit tout franc que je dois accepter
Celui que pour époux on me veut présenter :
Et je déclare, moi, que je prétends le faire,
Puisque vous m'en donnez le conseil salutaire.

VALÈRE.

Ne vous excusez point sur mes intentions.
Vous aviez pris déjà vos résolutions ;
Et vous vous saisissez d'un prétexte frivole
Pour vous autoriser à manquer de parole.

ACTE II, SCÈNE IV.

MARIANE.

Il est vrai, c'est bien dit.

VALÈRE.

Sans doute ; et votre cœur
N'a jamais eu pour moi de véritable ardeur.

MARIANE.

Hélas ! permis à vous d'avoir cette pensée.

VALÈRE.

Oui, oui, permis à moi : mais mon ame offensée
Vous préviendra peut-être en un pareil dessein ;
Et je sais où porter et mes vœux et ma main.

MARIANE.

Ah ! je n'en doute point ; et les ardeurs qu'excite
Le mérite...

VALÈRE.

Mon dieu ! laissons là le mérite ;
J'en ai fort peu, sans doute, et vous en faites foi.
Mais j'espère aux bontés qu'une autre aura pour moi ;
Et j'en sais de qui l'ame, à ma retraite ouverte,
Consentira sans honte à réparer ma perte.

MARIANE.

La perte n'est pas grande ; et de ce changement
Vous vous consolerez assez facilement.

VALÈRE.

J'y ferai mon possible ; et vous le pouvez croire.
Un cœur qui nous oublie engage notre gloire ;
Il faut à l'oublier mettre aussi tous nos soins :
Si l'on n'en vient à bout, on le doit feindre au moins ;
Et cette lâcheté jamais ne se pardonne,
De montrer de l'amour pour qui nous abandonne.

MARIANE.

Ce sentiment, sans doute, est noble et relevé.

VALÈRE.

Fort bien ; et d'un chacun il doit être approuvé.
Hé quoi ! vous voudriez qu'à jamais dans mon ame
Je gardasse pour vous les ardeurs de ma flamme,
Et vous visse, à mes yeux, passer en d'autres bras,
Sans mettre ailleurs un cœur dont vous ne voulez pas ?

MARIANE.

Au contraire ; pour moi, c'est ce que je souhaite ;
Et je voudrois déjà que la chose fût faite.

VALÈRE.

Vous le voudriez ?

MARIANE.

Oui.

VALÈRE.

C'est assez m'insulter,
Madame ; et, de ce pas, je vais vous contenter.
(*Il fait un pas pour s'en aller.*)

MARIANE.

Fort bien.

VALÈRE, *revenant.*

Souvenez-vous au moins que c'est vous-même
Qui contraignez mon cœur à cet effort extrême.

MARIANE.

Oui.

VALÈRE, *revenant encore.*

Et que le dessein que mon ame conçoit
N'est rien qu'à votre exemple.

MARIANE.

À mon exemple, soit.

VALÈRE, *en sortant.*

Suffit : vous allez être à point nommé servie.

MARIANE.

Tant mieux.

VALÈRE, *revenant encore.*

Vous me voyez, c'est pour toute ma vie.

MARIANE.

A la bonne heure.

VALÈRE, *se retournant lorsqu'il est prêt à sortir.*

Hé ?

MARIANE.

Quoi ?

VALÈRE.

Ne m'appelez-vous pas ?

MARIANE.

Moi ! Vous rêvez.

VALÈRE.

Hé bien ! je poursuis donc mes pas.

Adieu, madame.

(*Il s'en va lentement.*)

MARIANE.

Adieu, monsieur.

DORINE, *à Mariane.*

Pour moi, je pense
Que vous perdez l'esprit par cette extravagance ;
Et je vous ai laissés tout du long quereller,
Pour voir où tout cela pourroit enfin aller.
Holà, seigneur Valère.

(*Elle arrête Valère par le bras.*)

VALÈRE, *feignant de résister.*

Hé ! que veux-tu, Dorine ?

DORINE.

Venez ici.

VALÈRE.

Non, non, le dépit me domine.
Ne me détourne point de ce qu'elle a voulu.

DORINE.

Arrêtez.

VALÈRE.

Non, vois-tu, c'est un point résolu.

DORINE.

Ah !

MARIANE, *à part,*

Il souffre à me voir, ma présence le chasse ;
Et je ferai bien mieux de lui quitter la place.

DORINE, *quittant Valère, et courant après Mariane.*

A l'autre ! Où courez-vous ?

MARIANE.

Laisse.

DORINE.

Il faut revenir.

MARIANE.

Non, non, Dorine ; en vain tu me veux retenir.

VALÈRE, *à part.*

Je vois bien que ma vue est pour elle un supplice ;
Et, sans doute, il vaut mieux que je l'en affranchisse.

DORINE, *quittant Mariane, et courant après Valère.*

Encor ! Diantre soit fait de vous ! Si... Je le veux.
Cessez ce badinage ; et venez çà tous deux.

(Elle prend Valère et Mariane par la main, et les
ramène.)

VALÈRE, *à Dorine.*

Mais quel est ton dessein ?

MARIANE, *à Dorine.*

Qu'est-ce que tu veux faire ?

DORINE.

Vous bien remettre ensemble, et vous tirer d'affaire.
(à Valère.)
Êtes-vous fou d'avoir un pareil démêlé ?

VALÈRE.

N'as-tu pas entendu comme elle m'a parlé ?

DORINE, *à Mariane.*

Êtes-vous folle, vous, de vous être emportée ?

MARIANE.

N'as-tu pas vu la chose, et comme il m'a traitée ?

DORINE.
(à Valère.)
Sottise des deux parts. Elle n'a d'autre soin
Que de se conserver à vous, j'en suis témoin.
(à Mariane.)
Il n'aime que vous seule, et n'a point d'autre envie
Que d'être votre époux, j'en réponds sur ma vie.

MARIANE, *à Valère.*

Pourquoi donc me donner un semblable conseil ?

VALÈRE, *à Mariane.*

Pourquoi m'en demander sur un sujet pareil ?

DORINE.

Vous êtes fous tous deux. Çà, la main l'un et l'autre.
(à Valère.)
Allons, vous

VALÈRE, *en donnant sa main à Dorine.*
A quoi bon ma main?

DORINE, *à Mariane.*

Ah çà! la vôtre.

MARIANE, *en donnant aussi sa main.*
De quoi sert tout cela?

DORINE.

Mon dieu! vite, avancez.
Vous vous aimez tous deux plus que vous ne pensez.
(*Valère et Mariane se tiennent quelque temps par la*
main sans se regarder.)

VALÈRE, *se tournant vers Mariane.*
Mais ne faites donc point les choses avec peine;
Et regardez un peu les gens sans nulle haine.
(*Mariane se tourne du côté de Valère en lui souriant.*)

DORINE.

A vous dire le vrai, les amants sont bien fous!

VALÈRE, *à Mariane.*
Oh çà! n'ai-je pas lieu de me plaindre de vous?
Et, pour n'en point mentir, n'êtes-vous pas méchante
De vous plaire à me dire une chose affligeante?

MARIANE.

Mais vous, n'êtes-vous pas l'homme le plus ingrat...?

DORINE.

Pour une autre saison laissons tout ce débat,
Et songeons à parer ce fâcheux mariage.

MARIANE.

Dis-nous donc quels ressorts il faut mettre en usage.

DORINE.

Nous en ferons agir de toutes les façons.

(à Mariane.)   (à Valère.)
Votre père se moque; et ce sont des chansons.
    (à Mariane.)
Mais, pour vous, il vaut mieux qu'à son extravagance
D'un doux consentement vous prêtiez l'apparence,
Afin qu'en cas d'alarme il vous soit plus aisé
De tirer en longueur cet hymen proposé.
En attrapant du temps, à tout on remédie.
Tantôt vous paierez de quelque maladie,
Qui viendra tout à coup, et voudra des délais :
Tantôt vous paierez de présages mauvais ;
Vous aurez fait d'un mort la rencontre fâcheuse,
Cassé quelque miroir, ou songé d'eau bourbeuse :
Enfin, le bon de tout, c'est qu'à d'autres qu'à lui
On ne vous peut lier, que vous ne disiez oui.
Mais pour mieux réussir, il est bon, ce me semble,
Qu'on ne vous trouve point tous deux parlant ensemble.
    (à Valère.)
Sortez; et, sans tarder, employez vos amis
Pour vous faire tenir ce qu'on vous a promis.
    (à Mariane.)
Nous allons réveiller les efforts de son frère
Et dans notre parti jeter la belle-mère.
Adieu.

VALÈRE, à Mariane.
    Quelques efforts que nous préparions tous,
Ma plus grande espérance, à vrai dire, est en vous
MARIANE, à Valère.
Je ne vous réponds pas des volontés d'un père;
Mais je ne serai point à d'autre qu'à Valère.
VALÈRE.
Que vous me comblez d'aise ! Et quoi que puisse oser…

DORINE.

Ah! jamais les amants ne sont las de jaser.
Sortez, vous dis-je.

VALÈRE, *revenant sur ses pas*

Enfin...

DORINE.

Quel caquet est le vôtre!
Tirez de cette part; et vous, tirez de l'autre.
(Dorine les pousse chacun par l'épaule, et les oblige
à se séparer.)

FIN DU SECOND ACTE.

ACTE TROISIÈME.

SCÈNE I.

DAMIS, DORINE.

DAMIS.

Que la foudre, sur l'heure, achève mes destins,
Qu'on me traite par-tout du plus grand des faquins,
S'il est aucun respect, ni pouvoir, qui m'arrête,
Et si je ne fais pas quelque coup de ma tête !

DORINE.

De grace, modérez un tel emportement :
Votre père n'a fait qu'en parler simplement.
On n'exécute pas tout ce qui se propose ;
Et le chemin est long du projet à la chose.

DAMIS.

Il faut que de ce fat j'arrête les complots,
Et qu'à l'oreille un peu je lui dise deux mots.

DORINE.

Ah ! tout doux ! envers lui, comme envers votre père,
Laissez agir les soins de votre belle-mère.
Sur l'esprit de Tartuffe elle a quelque crédit ;
Il se rend complaisant à tout ce qu'elle dit,
Et pourroit bien avoir douceur de cœur pour elle.
Plût à dieu qu'il fût vrai ! la chose seroit belle.
Enfin, votre intérêt l'oblige à le mander :
Sur l'hymen qui vous trouble elle veut le sonder,

Savoir ses sentiments, et lui faire connoitre
Quels fâcheux démêlés il pourra faire naître
S'il faut qu'à ce dessein il prête quelque espoir.
Son valet dit qu'il prie ; et je n'ai pu le voir :
Mais ce valet m'a dit qu'il s'en alloit descendre.
Sortez donc, je vous prie, et me laissez l'attendre.

DAMIS.

Je puis être présent à tout cet entretien.

DORINE.

Point. Il faut qu'ils soient seuls.

DAMIS.

Je ne lui dirai rien.

DORINE.

Vous vous moquez : on sait vos transports ordinaires ;
Et c'est le vrai moyen de gâter les affaires.
Sortez.

DAMIS.

Non ; je veux voir, sans me mettre en courroux.

DORINE.

Que vous êtes fâcheux ! Il vient. Retirez-vous.
*(Damis va se cacher dans un cabinet qui est au fond
du théâtre.)*

SCÈNE II.

TARTUFFE, DORINE.

TARTUFFE, *parlant haut à son valet, qui est dans la
maison, dès qu'il aperçoit Dorine.*
LAURENT, serrez ma haire avec ma discipline,
Et priez que toujours le ciel vous illumine.
Si l'on vient pour me voir, je vais aux prisonniers
Des aumônes que j'ai partager les deniers.

ACTE III, SCÈNE II.

DORINE, *à part.*

Que d'affectation et de forfanterie !

TARTUFFE.

Que voulez-vous ?

DORINE.

Vous dire...

TARTUFFE, *tirant un mouchoir de sa poche.*

Ah ! mon dieu ! je vous prie,
Avant que de parler, prenez-moi ce mouchoir.

DORINE.

Comment !

TARTUFFE.

Couvrez ce sein que je ne saurois voir.
Par de pareils objets les ames sont blessées,
Et cela fait venir de coupables pensées.

DORINE.

Vous êtes donc bien tendre à la tentation ;
Et la chair sur vos sens fait grande impression !
Certes, je ne sais pas quelle chaleur vous monte :
Mais à convoiter, moi, je ne suis pas si prompte ;
Et je vous verrois nu, du haut jusques en bas,
Que toute votre peau ne me tenteroit pas.

TARTUFFE.

Mettez dans vos discours un peu de modestie,
Ou je vais sur-le-champ vous quitter la partie.

DORINE.

Non, non, c'est moi qui vais vous laisser en repos,
Et je n'ai seulement qu'à vous dire deux mots.
Madame va venir dans cette salle basse,
Et d'un mot d'entretien vous demande la grace.

TARTUFFE.

Hélas ! très volontiers.

DORINE, *à part.*

Comme il se radoucit !
Ma foi, je suis toujours pour ce que j'en ai dit.

TARTUFFE.

Viendra-t-elle bientôt ?

DORINE.

Je l'entends, ce me semble.
Oui, c'est elle en personne, et je vous laisse ensemble.

SCÈNE III.

ELMIRE, TARTUFFE.

TARTUFFE.

Que le ciel à jamais, par sa toute-bonté,
Et de l'ame et du corps vous donne la santé,
Et bénisse vos jours autant que le désire
Le plus humble de ceux que son amour inspire !

ELMIRE.

Je suis fort obligée à ce souhait pieux.
Mais prenons une chaise, afin d'être un peu mieux.

TARTUFFE, *assis.*

Comment de votre mal vous sentez-vous remise ?

ELMIRE, *assise.*

Fort bien ; et cette fièvre a bientôt quitté prise.

TARTUFFE.

Mes prières n'ont pas le mérite qu'il faut
Pour avoir attiré cette grace d'en-haut ;
Mais je n'ai fait au ciel nulle dévote instance
Qui n'ait eu pour objet votre convalescence.

ELMIRE.

Votre zèle pour moi s'est trop inquiété.

TARTUFFE.

On ne peut trop chérir votre chère santé ;
Et, pour la rétablir, j'aurois donné la mienne.

ELMIRE.

C'est pousser bien avant la charité chrétienne ;
Et je vous dois beaucoup pour toutes ces bontés.

TARTUFFE.

Je fais bien moins pour vous que vous ne méritez.

ELMIRE.

J'ai voulu vous parler en secret d'une affaire,
Et suis bien aise ici qu'aucun ne nous éclaire.

TARTUFFE.

J en suis ravi de même ; et, sans doute, il m'est doux,
Madame, de me voir seul à seul avec vous.
C'est une occasion qu'au ciel j'ai demandée,
Sans que, jusqu'à cette heure, il me l'ait accordée.

ELMIRE.

Pour moi, ce que je veux, c'est un mot d'entretien
Où tout votre cœur s'ouvre, et ne me cache rien.

*(Damis, sans se montrer, entr'ouvre la porte du
cabinet dans lequel il s'étoit retiré, pour entendre
la conversation.*

TARTUFFE.

Et je ne veux aussi, pour grace singulière,
Que montrer à vos yeux mon ame tout entière,
Et vous faire serment que les bruits que j'ai faits
Des visites qu'ici reçoivent vos attraits
Ne sont pas envers vous l'effet d'aucune haine,
Mais plutôt d'un transport de zèle qui m'entraîne,
Et d'un pur mouvement...

ELMIRE.

     Je le prends bien ainsi,

Et crois que mon salut vous donne ce souci.

TARTUFFE, *prenant la main d'Elmire, et lui serrant les doigts.*

Oui, madame, sans doute ; et ma ferveur est telle...

ELMIRE.

Ouf, vous me serrez trop.

TARTUFFE.

C'est par excès de zèle.
De vous faire aucun mal je n'eus jamais dessein,
Et j'aurois bien plutôt...
(*Il met la main sur les genoux d'Elmire.*)

ELMIRE.

Que fait là votre main ?

TARTUFFE.

Je tâte votre habit : l'étoffe en est moelleuse.

ELMIRE.

Ah ! de grace, laissez, je suis fort chatouilleuse.
(*Elmire recule son fauteuil, et Tartuffe se rapproche d'elle.*)

TARTUFFE, *maniant le fichu d'Elmire.*

Mon dieu ! que de ce point l'ouvrage est merveilleux !
On travaille aujourd'hui d'un air miraculeux :
Jamais, en toute chose, on n'a vu si bien faire.

ELMIRE.

Il est vrai, mais parlons un peu de notre affaire.
On tient que mon mari veut dégager sa foi,
Et vous donner sa fille. Est-il vrai ? dites-moi.

TARTUFFE.

Il m'en a dit deux mots, mais, madame, à vrai dire,
Ce n'est pas le bonheur après quoi je soupire
Et je vois autre part les merveilleux attraits
De la félicité qui fait tous mes souhaits.

ELMIRE.
C'est que vous n'aimez rien des choses de la terre.

TARTUFFE.
Mon sein n'enferme point un cœur qui soit de pierre.

ELMIRE.
Pour moi, je crois qu'au ciel tendent tous vos soupirs,
Et que rien ici-bas n'arrête vos désirs.

TARTUFFE.
L'amour qui nous attache aux beautés éternelles
N'étouffe pas en nous l'amour des temporelles :
Nos sens facilement peuvent être charmés
Des ouvrages parfaits que le ciel a formés.
Ses attraits réfléchis brillent dans vos pareilles :
Mais il étale en vous ses plus rares merveilles ;
Il a sur votre face épanché des beautés
Dont les yeux sont surpris, et les cœurs transportés ;
Et je n'ai pu vous voir, parfaite créature,
Sans admirer en vous l'auteur de la nature,
Et d'un ardent amour sentir mon cœur atteint,
Au plus beau des portraits où lui-même s'est peint.
D'abord j'appréhendai que cette ardeur secrète
Ne fût du noir esprit une surprise adroite ;
Et même à fuir vos yeux mon cœur se résolut,
Vous croyant un obstacle à faire mon salut.
Mais enfin je connus, ô beauté tout aimable,
Que cette passion peut n'être point coupable,
Que je puis l'ajuster avecque la pudeur ;
Et c'est ce qui m'y fait abandonner mon cœur.
Ce m'est, je le confesse, une audace bien grande
Que d'oser de ce cœur vous adresser l'offrande ;
Mais j'attends en mes vœux tout de votre bonté,
Et rien des vains efforts de mon infirmité.

LE TARTUFFE.

En vous est mon espoir, mon bien, ma quiétude;
De vous dépend ma peine ou ma béatitude;
Et je vais être enfin, par votre seul arrêt,
Heureux, si vous voulez, malheureux, s'il vous plaît.

ELMIRE.

La déclaration est tout-à-fait galante;
Mais elle est, à vrai dire, un peu bien surprenante.
Vous deviez, ce me semble, armer mieux votre sein,
Et raisonner un peu sur un pareil dessein.
Un dévot comme vous, et que par-tout on nomme...

TARTUFFE.

Ah ! pour être dévot, je n'en suis pas moins homme :
Et lorsqu'on vient à voir vos célestes appas,
Un cœur se laisse prendre, et ne raisonne pas.
Je sais qu'un tel discours de moi paroît étrange :
Mais, madame, après tout, je ne suis pas un ange;
Et, si vous condamnez l'aveu que je vous fais,
Vous devez vous en prendre à vos charmants attraits.
Dès que j'en vis briller la splendeur plus qu'humaine,
De mon intérieur vous fûtes souveraine;
De vos regards divins l'ineffable douceur
Força la résistance où s'obstinoit mon cœur;
Elle surmonta tout, jeûnes, prières, larmes,
Et tourna tous mes vœux du côté de vos charmes.
Mes yeux et mes soupirs vous l'ont dit mille fois;
Et, pour mieux m'expliquer, j'emploie ici la voix.
Que si vous contemplez, d'une ame un peu bénigne
Les tribulations de votre esclave indigne,
S'il faut que vos bontés veuillent me consoler,
Et jusqu'à mon néant daignent se ravaler;
J'aurai toujours pour vous, ô suave merveille,
Une dévotion à nulle autre pareille.

Votre honneur avec moi ne court point de hasard,
Et n'a nulle disgrace à craindre de ma part.
Tous ces galants de cour, dont les femmes sont folles,
Sont bruyants dans leurs faits et vains dans leurs paroles;
De leurs progrès sans cesse on les voit se targuer;
Ils n'ont point de faveur qu'ils n'aillent divulguer;
Et leur langue indiscrète, en qui l'on se confie,
Déshonore l'autel où leur cœur sacrifie.
Mais les gens comme nous brûlent d'un feu discret,
Avec qui, pour toujours, on est sûr du secret.
Le soin que nous prenons de notre renommée
Répond de toute chose à la personne aimée;
Et c'est en nous qu'on trouve, acceptant notre cœur,
De l'amour sans scandale, et du plaisir sans peur.

ELMIRE.

Je vous écoute dire; et votre rhétorique
En termes assez forts à mon ame s'explique.
N'appréhendez-vous point que je ne sois d'humeur
A dire à mon mari cette galante ardeur,
Et que le prompt avis d'un amour de la sorte
Ne pût bien altérer l'amitié qu'il vous porte?

TARTUFFE.

Je sais que vous avez trop de bénignité,
Et que vous ferez grace à ma témérité;
Que vous m'excuserez, sur l'humaine foiblesse,
Des violents transports d'un amour qui vous blesse,
Et considèrerez, en regardant votre air,
Que l'on n'est pas aveugle, et qu'un homme est de chair.

ELMIRE.

D'autres prendroient cela d'autre façon peut-être;
Mais ma discrétion se veut faire paroître.
Je ne redirai point l'affaire à mon époux;

Mais je veux, en revanche, une chose de vous :
C'est de presser tout franc, et sans nulle chicane,
L'union de Valère avecque Mariane,
De renoncer vous-même à l'injuste pouvoir
Qui veut du bien d'un autre enrichir votre espoir ;
Et...

SCÈNE IV.

ELMIRE, DAMIS, TARTUFFE.

DAMIS, *sortant du cabinet où il s'étoit retiré*

Non, madame, non ; ceci doit se répandre.
J'étois en cet endroit, d'où j'ai pu tout entendre ;
Et la bonté du ciel m'y semble avoir conduit
Pour confondre l'orgueil d'un traître qui me nuit,
Pour m'ouvrir une voie à prendre la vengeance
De son hypocrisie et de son insolence,
A détromper mon père ; et lui mettre en plein jour
L'âme d'un scélérat qui vous parle d'amour.

ELMIRE.

Non, Damis ; il suffit qu'il se rende plus sage,
Et tâche à mériter la grace où je m'engage.
Puisque je l'ai promis, ne m'en dédisez pas.
Ce n'est point mon humeur de faire des éclats ;
Une femme se rit de sottises pareilles,
Et jamais d'un mari n'en trouble les oreilles.

DAMIS.

Vous avez vos raisons pour en user ainsi ;
Et pour faire autrement j'ai les miennes aussi.
Le vouloir épargner est une raillerie ;
Et l'insolent orgueil de sa cagoterie
N'a triomphé que trop de mon juste courroux,

Et que trop excité de désordres chez nous.
Le fourbe trop long-temps a gouverné mon pere,
Et desservi mes feux avec ceux de Valère.
Il faut que du perfide il soit désabusé;
Et le ciel pour cela m'offre un moyen aisé.
De cette occasion je lui suis redevable,
Et, pour la négliger, elle est trop favorable :
Ce seroit mériter qu'il me la vînt ravir
Que de l'avoir en main et ne m'en pas servir.

ELMIRE.

Damis...

DAMIS.

Non, s'il vous plaît, il faut que je me croie.
Mon ame est maintenant au comble de sa joie;
Et vos discours en vain prétendent m'obliger
A quitter le plaisir de me pouvoir venger.
Sans aller plus avant, je vais vider l'affaire;
Et voici justement de quoi me satisfaire.

SCÈNE V.

ORGON, ELMIRE, DAMIS, TARTUFFE.

DAMIS.

Nous allons régaler, mon pere, votre abord
D'un incident tout frais qui vous surprendra fort.
Vous êtes bien payé de toutes vos carésses,
Et monsieur d'un beau prix reconnoît vos tendresses.
Son grand zèle pour vous vient de se déclarer :
Il ne va pas à moins qu'à vous déshonorer;
Et je l'ai surpris là qui faisoit à madame
L'injurieux aveu d'une coupable flamme.
Elle est d'une humeur douce, et son cœur trop discret

Vouloit à toute force en garder le secret;
Mais je ne puis flatter une telle impudence,
Et crois que vous la taire est vous faire une offense.

ELMIRE.

Oui, je tiens que jamais de tous ces vains propos
On ne doit d'un mari traverser le repos;
Que ce n'est point de là que l'honneur peut dépendre;
Et qu'il suffit pour nous de savoir nous défendre.
Ce sont mes sentiments; et vous n'auriez rien dit,
Damis, si j'avois eu sur vous quelque crédit.

SCENE VI.

ORGON, DAMIS, TARTUFFE.

ORGON.

Ce que je viens d'entendre, ô ciel! est-il croyable?

TARTUFFE.

Oui, mon frère, je suis un méchant, un coupable,
Un malheureux pécheur, tout plein d'iniquité,
Le plus grand scélérat qui jamais ait été.
Chaque instant de ma vie est chargé de souillures;
Elle n'est qu'un amas de crimes et d'ordures;
Et je vois que le ciel, pour ma punition,
Me veut mortifier en cette occasion.
De quelque grand forfait qu'on me puisse reprendre,
Je n'ai garde d'avoir l'orgueil de m'en défendre.
Croyez ce qu'on vous dit, armez votre courroux,
Et comme un criminel chassez-moi de chez vous;
Je ne saurois avoir tant de honte en partage,
Que je n'en aie encor mérité davantage.

ORGON, à son fils.

Ah! traître, oses-tu bien, par cette fausseté,

Vouloir de sa vertu ternir la pureté ?

DAMIS.

Quoi ! la feinte douceur de cette ame hypocrite
Vous fera démentir...

ORGON.

Tais-toi, peste maudite.

TARTUFFE.

Ah ! laissez-le parler ; vous l'accusez à tort.
Et vous ferez bien mieux de croire à son rapport.
Pourquoi sur un tel fait m'être si favorable ?
Savez-vous, après tout, de quoi je suis capable ?
Vous fiez-vous, mon frère, à mon extérieur ?
Et, pour tout ce qu'on voit, me croyez-vous meilleur ?
Non, non : vous vous laissez tromper à l'apparence ;
Et je ne suis rien moins, hélas ! que ce qu'on pense.
Tout le monde me prend pour un homme de bien ;
Mais la vérité pure est que je ne vaux rien.
   (s'adressant à Damis.)
Oui, mon cher fils, parlez ; traitez-moi de perfide,
D'infâme, de perdu, de voleur, d'homicide ;
Accablez-moi de noms encor plus détestés :
Je n'y contredis point, je les ai mérités ;
Et j'en veux à genoux souffrir l'ignominie,
Comme une honte due aux crimes de ma vie.

ORGON.

(à Tartuffe.)   (à son fils.)
Mon frère, c'en est trop. Ton cœur ne se rend point,
Traitre ?

DAMIS.

Quoi ! ses discours vous séduirent au point..

ORGON.

(relevant Tartuffe.)

Tais-toi, pendard. Mon frère, hé ! levez-vous, de grace !
(à son fils.)
Infâme !

DAMIS.

Il peut...

ORGON,

Tais-toi.

DAMIS.

J'enrage. Quoi ! je passe...

ORGON.

Si tu dis un seul mot, je te romprai les bras.

TARTUFFE.

Mon frère, au nom de Dieu, ne vous emportez pas !
J'aimerois mieux souffrir la peine la plus dure,
Qu'il eût reçu pour moi la moindre égratignure.

ORGON, *à son fils.*

Ingrat !

TARTUFFE.

Laissez-le en paix. S'il faut, à deux genoux,
Vous demander sa grace...

ORGON, *se jetant aussi à genoux, et embrassant
Tartuffe.*

Hélas ! vous moquez-vous ?

(à son fils.)
Coquin, vois sa bonté !

DAMIS.

Donc...

ORGON.

Paix.

DAMIS.

Quoi! je...

ORGON.

Paix, dis-je

Je sais bien quel motif à l'attaquer l'oblige.
Vous le haïssez tous; et je vois aujourd'hui
Femme, enfants, et valets, déchaînés contre lui.
On met impudemment toute chose en usage
Pour ôter de chez moi ce dévot personnage :
Mais plus on fait d'efforts afin de l'en bannir,
Plus j'en veux employer à l'y mieux retenir ;
Et je vais me hâter de lui donner ma fille,
Pour confondre l'orgueil de toute ma famille.

DAMIS.

A recevoir sa main on pense l'obliger ?

ORGON.

Oui, traître, et dès ce soir, pour vous faire enrager.
Ah ! je vous brave tous, et vous ferai connoître
Qu'il faut qu'on m'obéisse, et que je suis le maître.
Allons, qu'on se rétracte ; et qu'à l'instant, fripon,
On se jette à ses pieds pour demander pardon.

DAMIS.

Qui ? moi ! de ce coquin, qui par ses impostures...

ORGON.

Ah ! tu résistes, gueux, et lui dis des injures !
                    (à Tartuffe.)
Un bâton ! un bâton ! Ne me retenez pas.
  (à son fils.)
Sus ; que de ma maison on sorte de ce pas,
Et que d'y revenir on n'ait jamais l'audace.

4.

DAMIS.

Oui, je sortirai ; mais...

ORGON.

   Vite, quittons la place.
Je te prive, pendard, de ma succession,
Et te donne, de plus, ma malédiction.

SCÈNE VII.

ORGON, TARTUFFE.

ORGON.

Offenser de la sorte une sainte personne !...

TARTUFFE.

O ciel, pardonne-lui comme je lui pardonne.
  (à Orgon.)
Si vous pouviez savoir avec quel déplaisir
Je vois qu'envers mon frère on tâche à me noircir..

ORGON.

Hélas !

TARTUFFE.

  Le seul penser de cette ingratitude
Fait souffrir à mon ame un supplice si rude...
L'horreur que j'en conçois... J'ai le cœur si serré,
Que je ne puis parler, et crois que j'en mourrai.

ORGON, *courant tout en larmes à la porte par où il a*
    chassé son fils.

Coquin, je me repens que ma main t'ait fait grace,
Et ne t'ait pas d'abord assommé sur la place.
  (à Tartuffe.)
Remettez-vous, mon frère, et ne vous fâchez pas.

TARTUFFE.

Rompons, rompons le cours de ces fâcheux débats.

Je regarde céans quels grands troubles j'apporte,
Et crois qu'il est besoin, mon frère, que j'en sorte.

ORGON.

Comment ! vous moquez-vous ?

TARTUFFE.

On m'y hait, et je voi
Qu'on cherche à vous donner des soupçons de ma foi.

ORGON.

Qu'importe ? Voyez-vous que mon cœur les écoute ?

TARTUFFE.

On ne manquera pas de poursuivre, sans doute ;
Et ces mêmes rapports qu'ici vous rejetez
Peut-être une autre fois seront-ils écoutés.

ORGON.

Non, mon frère, jamais.

TARTUFFE.

Ah ! mon frère, une femme
Aisément d'un mari peut bien surprendre l'ame.

ORGON.

Non, non.

TARTUFFE.

Laissez-moi vite, en m'éloignant d'ici,
Leur ôter tout sujet de m'attaquer ainsi.

ORGON.

Non, vous demeurerez ; il y va de ma vie.

TARTUFFE.

Hé bien ! il faudra donc que je me mortifie.
Pourtant, si vous vouliez...

ORGON.

Ah !

TARTUFFE.

                              Soit : n'en parlons plus.
Mais je sais comme il faut en user là-dessus.
L'honneur est délicat, et l'amitié m'engage
A prévenir les bruits et les sujets d'ombrage.
Je fuirai votre épouse, et vous ne me verrez...

ORGON.

Non, en dépit de tous vous la fréquenterez.
Faire enrager le monde est ma plus grande joie ;
Et je veux qu'à toute heure avec elle on vous voie.
Ce n'est pas tout encor : pour les mieux braver tous,
Je ne veux point avoir d'autre héritier que vous ;
Et je vais, de ce pas, en fort bonne manière,
Vous faire de mon bien donation entière.
Un bon et franc ami, que pour gendre je prends,
M'est bien plus cher que fils, que femme, et que parents.
N'accepterez-vous pas ce que je vous propose ?

TARTUFFE.

La volonté du ciel soit faite en toute chose !

ORGON.

Le pauvre homme ! Allons vite en dresser un écri.
Et que puisse l'envie en crever de dépit !

FIN DU TROISIÈME ACTE.

ACTE QUATRIÈME.

SCÈNE I.

CLÉANTE, TARTUFFE.

CLÉANTE.

Oui, tout le monde en parle, et vous m'en pouvez croire
L'éclat que fait ce bruit n'est point à votre gloire ;
Et je vous ai trouvé, monsieur, fort à propos
Pour vous en dire net ma pensée en deux mots.
Je n'examine point à fond ce qu'on expose ;
Je passe là-dessus, et prends au pis la chose.
Supposons que Damis n'en ait pas bien usé ;
Et que ce soit à tort qu'on vous ait accusé ;
N'est-il pas d'un chrétien de pardonner l'offense,
Et d'éteindre en son cœur tout désir de vengeance ?
Et devez-vous souffrir, pour votre démêlé,
Que du logis d'un père un fils soit exilé ?
Je vous le dis encore, et parle avec franchise,
Il n'est petit ni grand qui ne s'en scandalise ;
Et, si vous m'en croyez, vous pacifierez tout,
Et ne pousserez point les affaires à bout.
Sacrifiez à Dieu toute votre colère,
Et remettez le fils en grace avec le père.

TARTUFFE.

Hélas ! je le voudrois, quant à moi, de bon cœur ;

Je ne garde pour lui, monsieur, aucune aigreur;
Je lui pardonne tout; de rien je ne le blâme,
Et voudrois le servir du meilleur de mon ame :
Mais l'intérêt du ciel n'y sauroit consentir;
Et s'il rentre céans, c'est à moi d'en sortir.
Après son action, qui n'eut jamais d'égale,
Le commerce entre nous porteroit du scandale :
Dieu sait ce que d'abord tout le monde en croiroit !
A pure politique on me l'imputeroit :
Et l'on diroit par-tout que, me sentant coupable,
Je feins pour qui m'accuse un zèle charitable;
Que mon cœur l'appréhende, et veut le ménager
Pour le pouvoir, sous main, au silence engager.

CLÉANTE.

Vous nous payez ici d'excuses colorées;
Et toutes vos raisons, monsieur, sont trop tirées.
Des intérêts du ciel pourquoi vous chargez-vous?
Pour punir le coupable a-t-il besoin de nous ?
Laissez-lui, laissez-lui le soin de ses vengeances :
Ne songez qu'au pardon qu'il prescrit des offenses;
Et ne regardez point aux jugements humains,
Quand vous suivez du ciel les ordres souverains.
Quoi ! le foible intérêt de ce qu'on pourra croire
D'une bonne action empêchera la gloire !
Non, non; faisons toujours ce que le ciel prescrit,
Et d'aucun autre soin ne nous brouillons l'esprit.

TARTUFFE.

Je vous ai déjà dit que mon cœur lui pardonne;
Et c'est faire, monsieur, ce que le ciel ordonne :
Mais, après le scandale et l'affront d'aujourd'hui,
Le ciel n'ordonne pas que je vive avec lui.

CLÉANTE.

Et vous ordonne-t-il, monsieur, d'ouvrir l'oreille
A ce qu'un pur caprice à son père conseille,
Et d'accepter le don qui vous est fait d'un bien
Où le droit vous oblige à ne prétendre rien ?

TARTUFFE.

Ceux qui me connoîtront n'auront pas la pensé,
Que ce soit un effet d'une ame intéressée:
Tous les biens de ce monde ont pour moi peu d'appas ;
De leur éclat trompeur je ne m'éblouis pas :
Et si je me résous à recevoir du père
Cette donation qu'il a voulu me faire,
Ce n'est, à dire vrai, que parceque je crains
Que tout ce bien ne tombe en de méchantes mains ;
Qu'il ne trouve des gens qui, l'ayant en partage,
En fassent dans le monde un criminel usage,
Et ne s'en servent pas, ainsi que j'ai dessein,
Pour la gloire du ciel et le bien du prochain.

CLÉANTE.

Hé ! monsieur, n'ayez point ces délicates craintes,
Qui d'un juste héritier peuvent causer les plaintes
Souffrez, sans vous vouloir embarrasser de rien,
Qu'il soit, à ses périls, possesseur de son bien ;
Et songez qu'il vaut mieux encor qu'il en mésuse,
Que si de l'en frustrer il faut qu'on vous accuse.
J'admire seulement que, sans confusion,
Vous en ayez souffert la proposition.
Car enfin le vrai zèle a-t-il quelque maxime
Qui montre à dépouiller l'héritier légitime ?
Et, s'il faut que le ciel dans votre cœur ait mis
Un invincible obstacle à vivre avec Damis,
Ne vaudroit-il pas mieux qu'en personne discrète

Vous fissiez de céans une honnête retraite,
Que de souffrir ainsi, contre toute raison,
Qu'on en chasse pour vous le fils de la maison ?
Croyez-moi, c'est donner de votre prud'hommie,
Monsieur...

TARTUFFE.

Il est, monsieur, trois heures et demie :
Certain devoir pieux me demande là-haut,
Et vous m'excuserez de vous quitter sitôt.

CLÉANTE, seul.

Ah !

SCÈNE II.

ELMIRE, MARIANE, CLÉANTE, DORINE.

DORINE, à Cléante.

De grace avec nous employez-vous pour elle,
Monsieur : son ame souffre une douleur mortelle ;
Et l'accord que son père a conclu pour ce soir
La fait à tous moments entrer en désespoir,
Il va venir. Joignons nos efforts, je vous prie,
Et tâchons d'ébranler, de force ou d'industrie,
Ce malheureux dessein qui nous a tous troublés.

SCÈNE III.

ORGON, ELMIRE, MARIANE, CLÉANTE, DORINE.

ORGON.

Ah ! je me réjouis de vous voir assemblés
      (à Mariane.)
Je porte en ce contrat de quoi vous faire rire.
Et vous savez déjà ce que cela veut dire.

MARIANE, *aux genoux d'Orgon.*

Mon père, au nom du ciel qui connoît ma douleur,
Et par tout ce qui peut émouvoir votre cœur,
Relâchez-vous un peu des droits de la naissance,
Et dispensez mes vœux de cette obéissance.
Ne me réduisez point, par cette dure loi,
Jusqu'à me plaindre au ciel de ce que je vous doi;
Et cette vie, hélas ! que vous m'avez donnée,
Ne me la rendez pas, mon père, infortunée.
Si, contre un doux espoir que j'avois pu former,
Vous me défendez d'être à ce que j'ose aimer;
Au moins, par vos bontés qu'à vos genoux j'implore,
Sauvez-moi du tourment d'être à ce que j'abhorre;
Et ne me portez point à quelque désespoir,
En vous servant sur moi de tout votre pouvoir.

ORGON, *se sentant attendrir.*

Allons, ferme, mon cœur ! point de foiblesse humaine !

MARIANE.

Vos tendresses pour lui ne me font point de peine;
Faites-les éclater, donnez-lui votre bien,
Et, si ce n'est assez, joignez-y tout le mien;
J'y consens de bon cœur, et je vous l'abandonne :
Mais, au moins, n'allez pas jusques à ma personne;
Et souffrez qu'un couvent dans les austérités
Use les tristes jours que le ciel m'a comptés

ORGON.

Ah ! voilà justement de mes religieuses,
Lorsqu'un père combat leurs flammes amoureuses !
Debout. Plus votre cœur répugne à l'accepter,
Plus ce sera pour vous matière à mériter.
Mortifiez vos sens avec ce mariage,
Et ne me rompez pas la tête davantage.

DORINE.

Mais quoi !...

ORGON.

Taisez-vous, vous. Parlez à votre écot.
Je vous défends, tout net, d'oser dire un seul mot.

CLÉANTE.

Si par quelque conseil vous souffrez qu'on réponde...

ORGON.

Mon frère, vos conseils sont les meilleurs du monde ;
Ils sont bien raisonnés, et j'en fais un grand cas :
Mais vous trouverez bon que je n'en use pas.

ELMIRE, à *Orgon*.

A voir ce que je vois, je ne sais plus que dire ;
Et votre aveuglément fait que je vous admire.
C'est être bien coiffé, bien prévenu de lui,
Que de nous démentir sur le fait d'aujourd'hui !

ORGON.

Je suis votre valet, et crois les apparences.
Pour mon fripon de fils je sais vos complaisances ;
Et vous avez eu peur de le désavouer
Du trait qu'à ce pauvre homme il a voulu jouer.
Vous étiez trop tranquille, enfin, pour être crue ;
Et vous auriez paru d'autre manière émue.

ELMIRE.

Est-ce qu'au simple aveu d'un amoureux transport
Il faut que notre honneur se gendarme si fort ?
Et ne peut-on répondre à tout ce qui le touche,
Que le feu dans les yeux, et l'injure à la bouche ?
Pour moi, de tels propos je me ris simplement ;
Et l'éclat, là-dessus, ne me plaît nullement.
J'aime qu'avec douceur nous nous montrions sages ;
Et ne suis point du tout pour ces prudes sauvages

Dont l'honneur est armé de griffes et de dents,
Et **veut**, au moindre mot, dévisager les gens.
Me préserve le ciel d'une telle sagesse !
Je veux une vertu qui ne soit point diablesse,
Et crois que d'un refus la discrète froideur
N'en est pas moins puissante à rebuter un cœur.

ORGON.

Enfin, je sais l'affaire, et ne prends point le change.

ELMIRE.

J'admire, encore un coup, cette foiblesse étrange :
Mais que me répondroit votre incrédulité
Si je vous faisois voir qu'on vous dit vérité ?

ORGON.

Voir !

ELMIRE.

Oui.

ORGON.

Chansons.

ELMIRE.

Mais quoi ! si je trouvois manière
De vous le faire voir avec pleine lumière...?

ORGON.

Contes en l'air.

ELMIRE.

Quel homme ! au moins, répondez-moi.
Je ne vous parle pas de nous ajouter foi ;
Mais supposons ici que, d'un lieu qu'on peut prendre,
On vous fît clairement tout voir et tout entendre,
Que diriez-vous alors de votre homme de bien ?

ORGON.

En ce cas, je dirois que... Je ne dirois rien,
Car cela ne se peut.

ELMIRE.

> L'erreur trop long-temps dure,
> Et c'est trop condamner ma bouche d'imposture.
> Il faut que, par plaisir, et sans aller plus loin,
> De tout ce qu'on vous dit je vous fasse témoin.

ORGON.

> Soit. Je vous prends au mot. Nous verrons votre adresse
> Et comment vous pourrez remplir cette promesse.

ELMIRE, *à Dorine.*

> Faites-le-moi venir.

DORINE, *à Elmire.*

> Son esprit est rusé,
> Et peut-être à surprendre il sera malaisé.

ELMIRE, *à Dorine.*

> Non; on est aisément dupé par ce qu'on aime,
> Et l'amour-propre engage à se tromper soi-même.
>   (*à Cléante et à Mariane.*)
> Faites-le-moi descendre. Et vous, retirez-vous.

SCÈNE IV,

ELMIRE, ORGON.

ELMIRE.

> Approchons cette table, et vous mettez dessous.

ORGON.

> Comment !

ELMIRE.

> Vous bien cacher est un point nécessaire.

ORGON.

Pourquoi sous cette table ?

ELMIRE.

                    Ah ! mon dieu ! laissez faire ;
J'ai mon dessein en tête, et vous en jugerez.
Mettez-vous là, vous dis-je ; et quand vous y serez,
Gardez qu'on ne vous voie et qu'on ne vous entende.

ORGON.

Je confesse qu'ici ma complaisance est grande :
Mais de votre entreprise il vous faut voir sortir.

ELMIRE.

Vous n'aurez, que je crois, rien à me repartir.
     (à Orgon, qui est sous la table.)
Au moins, je vais toucher une étrange matière,
Ne vous scandalisez en aucune manière :
Quoi que je puisse dire, il doit m'être permis ;
Et c'est pour vous convaincre, ainsi que j'ai promis.
Je vais par des douceurs, puisque j'y suis réduite,
Faire poser le masque à cette ame hypocrite,
Flatter de son amour les désirs effrontés,
Et donner un champ libre à ses témérités.
Comme c'est pour vous seul, et pour mieux le confondre,
Que mon ame à ses vœux va feindre de répondre,
J'aurai lieu de cesser dès que vous vous rendrez,
Et les choses n'iront que jusqu'où vous voudrez.
C'est à vous d'arrêter son ardeur insensée,
Quand vous croirez l'affaire assez avant poussée,
D'épargner votre femme, et de ne m'exposer
Qu'à ce qu'il vous faudra pour vous désabuser.
Ce sont vos intérêts, vous en serez le maître,
Et... L'on vient. Tenez-vous, et gardez de paroître.

SCÈNE V.

TARTUFFE, ELMIRE; ORGON, *sous la table.*

TARTUFFE.

On m'a dit qu'en ce lieu vous me vouliez parler.

ELMIRE.

Oui. L'on a des secrets à vous y révéler.
Mais tirez cette porte avant qu'on vous les dise,
Et regardez par-tout, de crainte de surprise.

(*Tartuffe va fermer la porte, et revient.*)

Une affaire pareille à celle de tantôt
N'est pas assurément ici ce qu'il nous faut :
Jamais il ne s'est vu de surprise de même.
Damis m'a fait pour vous une frayeur extrême ;
Et vous avez bien vu que j'ai fait mes efforts
Pour rompre son dessein et calmer ses transports.
Mon trouble, il est bien vrai, m'a si fort possédée,
Que de le démentir je n'ai point eu l'idée ;
Mais par-là, grace au ciel, tout a bien mieux été,
Et les choses en sont en plus de sûreté.
L'estime où l'on vous tient a dissipé l'orage ,
Et mon mari de vous ne peut prendre d'ombrage.
Pour mieux braver l'éclat des mauvais jugements,
Il veut que nous soyons ensemble à tous moments ;
Et c'est par où je puis, sans peur d'être blâmée,
Me trouver ici seule avec vous enfermée ;
Et ce qui m'autorise à vous ouvrir un cœur
Un peu trop prompt peut-être à souffrir votre ardeur.

TARTUFFE.

Ce langage à comprendre est assez difficile,
Madame ; et vous parliez tantôt d'un autre style.

ELMIRE.

Ah ! si d'un tel refus vous êtes en courroux,
Que le cœur d'une femme est mal connu de vous !
Et que vous savez peu ce qu'il veut faire entendre,
Lorsque si foiblement on le voit se défendre !
Toujours notre pudeur combat, dans ces moments,
Ce qu'on peut nous donner de tendres sentiments.
Quelque raison qu'on trouve à l'amour qui nous domte,
On trouve à l'avouer toujours un peu de honte.
On s'en défend d'abord : mais de l'air qu'on s'y prend
On fait connoître assez que notre cœur se rend ;
Qu'à nos vœux, par honneur, notre bouche s'oppose,
Et que de tels refus promettent toute chose.
C'est vous faire, sans doute, un assez libre aveu,
Et sur notre pudeur me ménager bien peu.
Mais, puisque la parole enfin en est lâchée,
A retenir Damis me serois-je attachée,
Aurois-je, je vous prie, avec tant de douceur
Écouté tout au long l'offre de votre cœur,
Aurois-je pris la chose ainsi qu'on m'a vu faire,
Si l'offre de ce cœur n'eût eu de quoi me plaire ?
Et lorsque j'ai voulu moi-même vous forcer
A refuser l'hymen qu'on venoit d'annoncer,
Qu'est-ce que cette instance a dû vous faire entendre,
Que l'intérêt qu'en vous on s'avise de prendre,
Et l'ennui qu'on auroit que ce nœud qu'on résout
Vînt partager du moins un cœur que l'on veut tout ?

TARTUFFE.

C'est, sans doute, madame, une douceur extrême
Que d'entendre ces mots d'une bouche qu'on aime ;
Leur miel dans tous mes sens fait couler à longs traits
Une suavité qu'on ne goûta jamais.

Le bonheur de vous plaire est ma suprême étude,
Et mon cœur de vos vœux fait sa béatitude ;
Mais ce cœur vous demande ici la liberté
D'oser douter un peu de sa félicité.
Je puis croire ces mots un artifice honnête
Pour m'obliger à rompre un hymen qui s'apprête ;
Et, s'il faut librement m'expliquer avec vous,
Je ne me fierai point, à des propos si doux,
Qu'un peu de vos faveurs, après quoi je soupire
Ne vienne m'assurer tout ce qu'ils m'ont pu dire,
Et planter dans mon ame une constante foi
Des charmantes bontés que vous avez pour moi.

ELMIRE, *après avoir toussé pour avertir son mari.*

Quoi ! vous voulez aller avec cette vitesse,
Et d'un cœur tout d'abord épuiser la tendresse ?
On se tue à vous faire un aveu des plus doux ;
Cependant ce n'est pas encore assez pour vous ?
Et l'on ne peut aller jusqu'à vous satisfaire,
Qu'aux dernières faveurs on ne pousse l'affaire ?

TARTUFFE.

Moins on mérite un bien, moins on l'ose espérer.
Nos vœux sur des discours ont peine à s'assurer.
On soupçonne aisément un sort tout plein de gloire,
Et l'on veut en jouir avant que de le croire.
Pour moi, qui crois si peu mériter vos bontés,
Je doute du bonheur de mes témérités ;
Et je ne croirai rien, que vous n'ayez, madame,
Par des réalités, su convaincre ma flamme.

ELMIRE.

Mon dieu ! que votre amour en vrai tyran agit !
Et qu'en un trouble étrange il me jette l'esprit !

Que sur les cœurs il prend un furieux empire !
Et qu'avec violence il veut ce qu'il désire !
Quoi ! de votre poursuite on ne peut se parer,
Et vous ne donnez pas le temps de respirer ?
Sied-il bien de tenir une rigueur si grande,
De vouloir sans quartier les choses qu'on demande,
Et d'abuser ainsi, par vos efforts pressants,
Du foible que pour vous vous voyez qu'ont les gens ?

TARTUFFE.

Mais si d'un œil bénin vous voyez mes hommages
Pourquoi m'en refuser d'assurés témoignages ?

ELMIRE.

Mais comment consentir à ce que vous voulez,
Sans offenser le ciel, dont toujours vous parlez ?

TARTUFFE.

Si ce n'est que le ciel qu'à mes vœux on oppose,
Lever un tel obstacle est à moi peu de chose ;
Et cela ne doit point retenir votre cœur.

ELMIRE.

Mais des arrêts du ciel on nous fait tant de peur !

TARTUFFE.

Je puis vous dissiper ces craintes ridicules,
Madame ; et je sais l'art de lever les scrupules.
Le ciel défend, de vrai, certains contentements ;
Mais on trouve avec lui des accommodements.
Selon divers besoins, il est une science
D'étendre les liens de notre conscience,
Et de rectifier le mal de l'action
Avec la pureté de notre intention.

De ces secrets, madame, on saura vous instruire ;
Vous n'avez seulement qu'à vous laisser conduire.
Contentez mon désir, et n'ayez point d'effroi ;
Je vous réponds de tout, et prends le mal sur moi.
  (*Elmire tousse plus fort.*)
Vous toussez fort, madame.

ELMIR

Oui, je suis au supplice.

TARTUFFE.

Vous plaît-il un morceau de ce jus de réglisse ?

ELMIRE.

C'est un rhume obstiné, sans doute ; et je vois bien
Que tous les jus du monde ici ne feront rien.

TARTUFFE.

Cela, certe, est fâcheux.

ELMIRE.

Oui, plus qu'on ne peut dire.

TARTUFFE.

Enfin, votre scrupule est facile à détruire.
Vous êtes assurée ici d'un plein secret,
Et le mal n'est jamais que dans l'éclat qu'on fait.
Le scandale du monde est ce qui fait l'offense,
Et ce n'est pas pécher que pécher en silence.

ELMIRE, *après avoir encore toussé et frappé sur la*
table.

Enfin je vois qu'il faut se résoudre à céder ;
Qu'il faut que je consente à vous tout accorder ;
Et qu'à moins de cela je ne dois point prétendre
Qu'on puisse être content, et qu'on veuille se rendre.
Sans doute il est fâcheux d'en venir jusque-là,

Et c'est bien malgré moi que je franchis cela
Mais, puisque l'on s'obstine à m'y vouloir réduire,
Puisqu'on ne veut point croire à tout ce qu'on peut dire,
Et qu'on veut des témoins qui soient plus convaincants,
Il faut bien s'y résoudre, et contenter les gens.
Si ce contentement porte en soi quelque offense,
Tant pis pour qui me force à cette violence;
La faute assurément n'en doit point être à moi.

TARTUFFE.

Oui, madame, on s'en charge; et la chose de soi...

ELMIRE.

Ouvrez un peu la porte, et voyez, je vous prie,
Si mon mari n'est point dans cette galerie.

TARTUFFE.

Qu'est-il besoin pour lui du soin que vous prenez?
C'est un homme, entre nous, à mener par le nez.
De tous nos entretiens il est pour faire gloire,
Et je l'ai mis au point de voir tout sans rien croire.

ELMIRE.

Il n'importe. Sortez, je vous prie, un moment;
Et par-tout là-dehors voyez exactement.

SCÈNE VI.

ORGON, ELMIRE.

ORGON, *sortant de dessous la table.*
VOILÀ, je vous l'avoue, un abominable homme!
Je n'en puis revenir, et tout ceci m'assomme.

ELMIRE.

Quoi! vous sortez sitôt! Vous vous moquez des gens.
Rentrez sous le tapis, il n'est pas encor temps,

Attendez jusqu'au bout pour voir les choses sûres,
Et ne vous fiez point aux simples conjectures.

ORGON.

Non, rien de plus méchant n'est sorti de l'enfer.

ELMIRE.

Mon dieu ! l'on ne doit point croire trop de léger.
Laissez-vous bien convaincre avant que de vous rendre ;
Et ne vous hâtez pas, de peur de vous méprendre.

(*Elmire fait mettre Orgon derrière elle.*)

SCÈNE VII.

TARTUFFE, ELMIRE, ORGON.

TARTUFFE, *sans voir Orgon.*

Tout conspire, madame, à mon contentement :
J'ai visité de l'œil tout cet appartement ;
Personne ne s'y trouve ; et mon ame ravie...
(*Dans le temps que Tartuffe s'avance, les bras ou-
   verts, pour embrasser Elmire, elle se retire, et
   Tartuffe aperçoit Orgon.*)

ORGON, *arrêtant Tartuffe.*

Tout doux ! vous suivez trop votre amoureuse envie,
Et vous ne devez pas vous tant passionner.
Ah ! ah ! l'homme de bien, vous m'en vouliez donner !
Comme aux tentations s'abandonne votre ame !
Vous épousiez ma fille, et convoitiez ma femme !
J'ai douté fort long-temps que ce fût tout de bon,
Et je croyois toujours qu'on changeroit de ton :
Mais c'est assez avant pousser le témoignage ;
Je m'y tiens, et n'en veux, pour moi, pas davantage.

ELMIRE, *à Tartuffe.*

C'est contre mon humeur que j'ai fait tout ceci ;

Mais on m'a mise au point de vous traiter ainsi.

TARTUFFE, à Orgon.

Quoi ! vous croyez...?

ORGON.

Allons, point de bruit, je vous prie.
Dénichons de céans, et sans cérémonie.

TARTUFFE.

Mon dessein...

ORGON.

Ces discours ne sont plus de saison :
Il faut, tout sur-le-champ, sortir de la maison.

TARTUFFE.

C'est à vous d'en sortir, vous qui parlez en maître :
La maison m'appartient, je le ferai connoître,
Et vous montrerai bien qu'en vain on a recours,
Pour me chercher querelle, à ces lâches détours ;
Qu'on n'est pas où l'on pense en me faisant injure ;
Que j'ai de quoi confondre et punir l'imposture,
Venger le ciel qu'on blesse, et faire repentir
Ceux qui parlent ici de me faire sortir.

SCENE VIII.

ELMIRE, ORGON.

ELMIRE.

Quel est donc ce langage ? et qu'est-ce qu'il veut dire ?

ORGON.

Ma foi, je suis confus, et n'ai pas lieu de rire.

ELMIRE.

Comment ?

ORGON.

Je vois ma faute, aux choses qu'il me dit;
Et la donation m'embarrasse l'esprit,

ELMIRE.

La donation !

ORGON.

Oui. C'est une affaire faite.
Mais j'ai quelque autre chose encor qui m'inquiète.

ELMIRE.

Et quoi ?

ORGON.

Vous saurez tout. Mais voyons au plus tôt
Si certaine cassette est encore là-haut.

FIN DU QUATRIÈME ACTE.

ACTE CINQUIÈME.

SCÈNE I.

ORGON, CLÉANTE.

CLÉANTE.

Où voulez-vous courir ?

ORGON.

Las ! que sais-je ?

CLÉANTE.

Il me semble
Que l'on doit commencer par consulter ensemble
Les choses qu'on peut faire en cet évènement.

ORGON.

Cette cassette-là me trouble entièrement.
Plus que le reste encore, elle me désespère.

CLÉANTE.

Cette cassette est donc un important mystère ?

ORGON.

C'est un dépôt qu'Argas, cet ami que je plains,
Lui-même en grand secret m'a mis entre les mains.
Pour cela dans sa fuite il me voulut élire ;
Et ce sont des papiers, à ce qu'il m'a pu dire,
Où sa vie et ses biens se trouvent attachés.

CLÉANTE.

Pourquoi donc les avoir en d'autres mains lâchés ?

ORGON.

Ce fut par un motif de cas de conscience.
J'allai droit à mon traître en faire confidence ;
Et son raisonnement me vint persuader
De lui donner plutôt la cassette à garder,
Afin que pour nier, en cas de quelque enquête,
J'eusse d'un faux-fuyant la faveur toute prête,
Par où ma conscience eût pleine sûreté
A faire des serments contre la vérité.

CLÉANTE.

Vous voilà mal, au moins si j'en crois l'apparence ;
Et la donation, et cette confidence,
Sont, à vous en parler selon mon sentiment,
Des démarches par vous faites légèrement.
On peut vous mener loin avec de pareils gages :
Et cet homme sur vous ayant ces avantages,
Le pousser est encor grande imprudence à vous ;
Et vous deviez chercher quelque biais plus doux.

ORGON.

Quoi ! sur un beau semblant de ferveur si touchante
Cacher un cœur si double, une ame si méchante !
Et moi, qui l'ai reçu gueusant et n'ayant rien...
C'en est fait, je renonce à tous les gens de bien ;
J'en aurai désormais une horreur effroyable,
Et m'en vais devenir pour eux pire qu'un diable.

CLÉANTE.

Hé bien ! ne voilà pas de vos emportements !
Vous ne gardez en rien les doux tempéraments.
Dans la droite raison jamais n'entre la vôtre ;
Et toujours d'un excès vous vous jetez dans l'autre.
Vous voyez votre erreur, et vous avez connu
Que par un zèle feint vous étiez prévenu ;

Mais pour vous corriger quelle raison demande
Que vous alliez passer dans une erreur plus grande,
Et qu'avecque le cœur d'un perfide vaurien
Vous confondiez les cœurs de tous les gens de bien ?
Quoi ! parcequ'un fripon vous dupe avec audace
Sous le pompeux éclat d'une austère grimace,
Vous voulez que par-tout on soit fait comme lui,
Et qu'aucun vrai dévot ne se trouve aujourd'hui ?
Laissez aux libertins ces sottes conséquences :
Démêlez la vertu d'avec ses apparences,
Ne hasardez jamais votre estime trop tôt,
Et soyez pour cela dans le milieu qu'il faut.
Gardez-vous, s'il se peut, d'honorer l'imposture :
Mais au vrai zèle aussi n'allez pas faire injure ;
Et s'il vous faut tomber dans une extrémité,
Péchez plutôt encor de cet autre côté.

SCÈNE II.

ORGON, CLÉANTE, DAMIS.

DAMIS.

Quoi ! mon père, est-il vrai qu'un coquin vous menace ;
Qu'il n'est point de bienfait qu'en son ame il n'efface ;
Et que son lâche orgueil, trop digne de courroux,
Se fait de vos bontés des armes contre vous ?

ORGON.

Oui, mon fils ; et j'en sens des douleurs nompareilles.

DAMIS.

Laissez-moi ; je lui veux couper les deux oreilles.
Contre son insolence on ne doit point gauchir :
C'est à moi tout d'un coup de vous en affranchir ;
Et pour sortir d'affaire il faut que je l'assomme.

CLÉANTE.

Voilà tout justement parler en vrai jeune homme.
Modérez, s'il vous plaît, ces transports éclatants.
Nous vivons sous un règne et sommes dans un temps
Où par la violence on fait mal ses affaires.

SCÈNE III

MADAME PERNELLE, ORGON, ELMIRE,
CLÉANTE, MARIANE, DAMIS, DORINE.

MADAME PERNELLE.

Qu'est-ce ? j'apprends ici de terribles mystères !

ORGON.

Ce sont des nouveautés dont mes yeux sont témoins,
Et vous voyez le prix dont sont payés mes soins.
Je recueille avec zèle un homme en sa misère,
Je le loge, et le tiens comme mon propre frère ;
De bienfaits chaque jour il est par moi chargé ;
Je lui donne ma fille et tout le bien que j'ai :
Et, dans le même temps, le perfide, l'infâme,
Tente le noir dessein de suborner ma femme ;
Et, non content encor de ses lâches essais,
Il m'ose menacer de mes propres bienfaits,
Et veut, à ma ruine, user des avantages
Dont le viennent d'armer mes bontés trop peu sages,
Me chasser de mes biens où je l'ai transféré,
Et me réduire au point d'où je l'ai retiré !

DORINE.

Le pauvre homme !

MADAME PERNELLE.

    Mon fils, je ne puis du tout croire,

Qu'il ait voulu commettre une action si noire.

ORGON.

Comment !

MADAME PERNELLE.

Les gens de bien sont enviés toujours.

ORGON.

Que voulez-vous donc dire avec votre discours,
Ma mère ?

MADAME PERNELLE.

Que chez vous on vit d'étrange sorte,
Et qu'on ne sait que trop la haine qu'on lui porte.

ORGON.

Qu'a cette haine à faire avec ce qu'on vous dit ?

MADAME PERNELLE.

Je vous l'ai dit cent fois quand vous étiez petit :
La vertu dans le monde est toujours poursuivie ;
Les envieux mourront, mais non jamais l'envie.

ORGON.

Mais que fait ce discours aux choses d'aujourd'hui ?

MADAME PERNELLE.

On vous aura forgé cent sots contes de lui.

ORGON.

Je vous ai dit déjà que j'ai vu tout moi-même.

MADAME PERNELLE.

Des esprits médisants la malice est extrême.

ORGON.

Vous me feriez damner, ma mère. Je vous di
Que j'ai vu de mes yeux un crime si hardi.

MADAME PERNELLE.

Les langues ont toujours du venin à répandre ;
Et rien n'est ici-bas qui s'en puisse défendre.

ORGON.

C'est tenir un propos de sens bien dépourvu.
Je l'ai vu, dis-je, vu, de mes propres yeux vu,
Ce qu'on appelle vu. Faut-il vous le rebattre
Aux oreilles cent fois, et crier comme quatre

MADAME PERNELLE.

Mon dieu ! le plus souvent l'apparence déçoit :
Il ne faut pas toujours juger sur ce qu'on voit.

ORGON.

J'enrage !

MADAME PERNELLE.

 Aux faux soupçons la nature est sujette,
Et c'est souvent à mal que le bien s'interprète.

ORGON.

Je dois interpréter à charitable soin
Le désir d'embrasser ma femme !

MADAME PERNELLE.

    Il est besoin,
Pour accuser les gens, d'avoir de justes causes ;
Et vous deviez attendre à vous voir sûr des choses.

ORGON.

Hé ! diantre ! le moyen de m'en assurer mieux ?
Je devois donc, ma mère, attendre qu'à mes yeux
Il eût... Vous me feriez dire quelque sottise.

MADAME PERNELLE.

Enfin d'un trop pur zèle on voit son ame éprise ;
Et je ne puis du tout me mettre dans l'esprit
Qu'il ait voulu tenter les choses que l'on dit.

ORGON.

Allez, je ne sais pas, si vous n'étiez ma mère,
Ce que je vous dirois, tant je suis en colère.

DORINE, *à Orgon.*

Juste retour, monsieur, des choses d'ici-bas :
Vous ne vouliez point croire, et l'on ne vous croit pas.

CLÉANTE.

Nous perdons des moments en bagatelles pures,
Qu'il faudroit employer à prendre des mesures.
Aux menaces du fourbe on doit ne dormir point.

DAMIS.

Quoi ! son effronterie iroit jusqu'à ce point ?

ELMIRE.

Pour moi, je ne crois pas cette instance possible,
Et son ingratitude est ici trop visible.

CLÉANTE, *à Orgon.*

Ne vous y fiez pas ; il aura des ressorts
Pour donner contre vous raison à ses efforts ;
Et sur moins que cela le poids d'une cabale
Embarrasse les gens dans un fâcheux dédale.
Je vous le dis encore : armé de ce qu'il a,
Vous ne deviez jamais le pousser jusque-là.

ORGON.

Il est vrai ; mais qu'y faire ? A l'orgueil de ce traître,
De mes ressentiments je n'ai pas été maître.

CLÉANTE.

Je voudrois de bon cœur qu'on pût entre vous deux
De quelque ombre de paix raccommoder les nœuds.

ELMIRE.

Si j'avois su qu'en main il a de telles armes,
Je n'aurois pas donné matière à tant d'alarmes ;
Et mes...

ORGON, *à Dorine, voyant entrer M. Loyal.*

Que veut cet homme ? Allez tôt le savoir.
Je suis bien en état que l'on me vienne voir !

SCÈNE IV.

ORGON, MADAME PERNELLE, ELMIRE,
MARIANE, CLÉANTE, DAMIS, DORINE,
M. LOYAL.

M. LOYAL, *à Dorine dans le fond du théâtre.*
Bon jour, ma chère sœur; faites, je vous supplie,
Que je parle à monsieur.

DORINE.
Il est en compagnie;
Et je doute qu'il puisse à présent voir quelqu'un.

M. LOYAL.
Je ne suis pas pour être en ces lieux importun.
Mon abord n'aura rien, je crois, qui lui déplaise;
Et je viens pour un fait dont il sera bien aise.

DORINE.
Votre nom ?

M. LOYAL.
Dites-lui seulement que je vien
De la part de monsieur Tartuffe, pour son bien.

DORINE, *à Orgon.*
C'est un homme qui vient, avec douce manière,
De la part de Monsieur Tartuffe, pour affaire
Dont vous serez, dit-il, bien aise.

CLÉANTE, *à Orgon.*
Il vous faut voir
Ce que c'est que cet homme, et ce qu'il peut vonloir.

ORGON, *à Cléante.*
Pour nous raccommoder il vient ici peut-être :
Quels sentiments aurai-je à lui faire paroître ?

CLÉANTE.

Votre ressentiment ne doit point éclater;
Et s'il parle d'accord, il le faut écouter.

M. LOYAL, à Orgon.

Salut, monsieur. Le ciel perde qui vous veut nuire,
Et vous soit favorable autant que je désire !

ORGON, bas, à Cléante.

Ce doux début s'accorde avec mon jugement,
Et présage déjà quelque accommodement.

M. LOYAL.

Toute votre maison m'a toujours été chère,
Et j'étois serviteur de monsieur votre père.

ORGON.

Monsieur, j'ai grande honte et demande pardon
D'être sans vous connoître ou savoir votre nom.

M. LOYAL.

Je m'appelle Loyal, natif de Normandie,
Et suis huissier à verge, en dépit de l'envie.
J'ai, depuis quarante ans, grace au ciel, le bonheur
D'en exercer la charge avec beaucoup d'honneur,
Et je vous viens, monsieur, avec votre licence,
Signifier l'exploit de certaine ordonnance...

ORGON.

Quoi ! vous êtes ici...

M. LOYAL.

Monsieur, sans passion.
Ce n'est rien seulement qu'une sommation,
Un ordre de vider d'ici, vous et les vôtres,
Mettre vos meubles hors, et faire place à d'autres,
Sans délai ni remise, ainsi que besoin est.

ORGON.

Moi ! sortir de céans ?

M. LOYAL.

Oui, monsieur, s'il vous plaît
La maison à présent, comme savez de reste,
Au bon monsieur Tartuffe appartient sans conteste
De vos biens désormais il est maître et seigneur
En vertu d'un contrat duquel je suis porteur.
Il est en bonne forme, et l'on n'y peut rien dire.

DAMIS, *à M. Loyal.*

Certes, cette impudence est grande, et je l'admire.

M. LOYAL, *à Damis.*

Monsieur, je ne dois point avoir affaire à vous;
(*montrant Orgon.*)
C'est à monsieur; il est et raisonnable et doux,
Et d'un homme de bien il sait trop bien l'office
Pour se vouloir du tout opposer à justice.

ORGON.

Mais...

M. LOYAL.

Oui, monsieur, je sais que pour un million
Vous ne voudriez pas faire rébellion,
Et que vous souffrirez en honnête personne
Que j'exécute ici les ordres qu'on me donne.

DAMIS.

Vous pourriez bien ici sur votre noir jupon,
Monsieur l'huissier à verge, attirer le bâton.

M. LOYAL, *à Orgon.*

Faites que votre fils se taise ou se retire,
Monsieur. J'aurois regret d'être obligé d'écrire,
Et de vous voir couché dans mon procès-verbal.

DORINE, *à part.*

Ce monsieur Loyal porte un air bien déloyal.

M. LOYAL.

Pour tous les gens de bien j'ai de grandes tendresses,
Et ne me suis voulu, monsieur, charger des pièces
Que pour vous obliger et vous faire plaisir ;
Que pour ôter par-là le moyen d'en choisir
Qui, n'ayant pas pour vous le zèle qui me pousse,
Auroient pu procéder d'une façon moins douce.

ORGON.

Et que peut-on de pis que d'ordonner aux gens
De sortir de chez eux ?

M. LOYAL.

    On vous donne du temps ;
Et jusques à demain je ferai surséance
A l'exécution, monsieur, de l'ordonnance.
Je viendrai seulement passer ici la nuit,
Avec dix de mes gens, sans scandale et sans bruit.
Pour la forme, il faudra, s'il vous plaît, qu'on m'apporte,
Avant que se coucher, les clefs de votre porte.
J'aurai soin de ne pas troubler votre repos,
Et de ne rien souffrir qui né soit à propos.
Mais demain, du matin, il vous faut être habile
A vider de céans jusqu'au moindre ustensile ;
Mes gens vous aideront, et je les ai pris forts
Pour vous faire service à tout mettre dehors.
On n'en peut pas user mieux que je fais, je pense ;
Et, comme je vous traite avec grande indulgence,
Je vous conjure aussi, monsieur, d'en user bien,
Et qu'au dû de ma charge on ne me trouble en rien.

ORGON, à part.

Du meilleur de mon cœur je donnerois sur l'heure
Les cent plus beaux louis de ce qui me demeure,
Et pouvoir, à plaisir, sur ce mufle asséner

6

Le plus grand coup de poing qui se puisse donner.
CLÉANTE, *bas, à Orgon.*
Laissez; ne gâtons rien.
DAMIS.
A cette audace étrange
J'ai peine à me tenir, et la main me démange.
DORINE.
Avec un si bon dos, ma foi, monsieur Loyal,
Quelques coups de bâton ne vous siéroient pas mal.
M. LOYAL.
On pourroit bien punir ces paroles infâmes,
Ma mie; et l'on décrète aussi contre les femmes.
CLÉANTE, *à M. Loyal.*
Finissons tout cela, monsieur; c'en est assez.
Donnez tôt ce papier, de grace, et nous laissez.
M. LOYAL.
Jusqu'au revoir. Le ciel vous tienne tous en joie !
ORGON.
Puisse-t-il te confondre, et celui qui t'envoie !

SCÈNE V.

ORGON, MADAME PERNELLE, ELMIRE, CLÉANTE, MARIANE, DAMIS, DORINE.

ORGON.
HÉ BIEN ! vous le voyez, ma mère, si j'ai droit;
Et vous pouvez juger du reste par l'exploit.
Ses trahisons enfin vous sont-elles connues ?
MADAME PERNELLE.
Je suis tout ébaubie, et je tombe des nues.
DORINE, *à Orgon.*
Vous vous plaignez à tort, à tort vous le blâmez

Et ses pieux desseins par-là sont confirmés.
Dans l'amour du prochain sa vertu se consomme :
Il sait que très souvent les biens corrompent l'homme,
Et par charité pure il veut vous enlever
Tout ce qui vous peut faire obstacle à vous sauver.

ORGON.

Taisez-vous. C'est le mot qu'il vous faut toujours dire.

CLÉANTE, *à Orgon.*

Allons voir quel conseil on doit vous faire élire.

ELMIRE.

Allez faire éclater l'audace de l'ingrat.
Ce procédé détruit la vertu du contrat ;
Et sa déloyauté va paroître trop noire
Pour souffrir qu'il en ait le succès qu'on veut croire.

SCÈNE VI.

VALÈRE, ORGON, MADAME PERNELLE, ELMIRE,
CLÉANTE, MARIANE, DAMIS, DORINE

VALÈRE.

Avec regret, monsieur, je viens vous affliger ;
Mais je m'y vois contraint par le pressant danger.
Un ami, qui m'est joint d'une amitié fort tendre,
Et qui sait l'intérêt qu'en vous j'ai lieu de prendre,
A violé pour moi, par un pas délicat
Le secret que l'on doit aux affaires d'état,
Et me vient d'envoyer un avis dont la suite
Vous réduit au parti d'une soudaine fuite.
Le fourbe qui long-temps a pu vous imposer
Depuis une heure au prince a su vous accuser,
Et remettre en ses mains, dans les traits qu'il vous jette,
D'un criminel d'état l'importante cassette,

LE TARTUFFE.

Dont, au mépris, dit-il, du devoir d'un sujet,
Vous avez conservé le coupable secret.
J'ignore le détail du crime qu'on vous donne :
Mais un ordre est donné contre votre personne ;
Et lui-même est chargé, pour mieux l'exécuter,
D'accompagner celui qui vous doit arrêter.

CLÉANTE.

Voilà ses droits armés ; et c'est par où le traître
De vos biens qu'il prétend cherche à se rendre maître.

ORGON.

L'homme est, je vous l'avoue, un méchant animal !

VALÈRE.

Le moindre amusement vous peut être fatal.
J'ai, pour vous emmener, mon carrosse à la porte,
Avec mille louis qu'ici je vous apporte.
Ne perdons point de temps : le trait est foudroyant ;
Et ce sont de ces coups que l'on pare en fuyant.
A vous mettre en lieu sûr je m'offre pour conduite,
Et veux accompagner jusqu'au bout votre fuite.

ORGON.

Las ! que ne dois-je point à vos soins obligeants !
Pour vous en rendre grace il faut un autre temps ;
Et je demande au ciel de m'être assez propice
Pour reconnoître un jour ce généreux service.
Adieu : prenez le soin, vous autres...

CLÉANTE.

Allez tôt ;

Nous songerons, mon frère, à faire ce qu'il faut.

SCÈNE VII.

TARTUFFE, UN EXEMPT, MADAME PERNELLE,
ORGON, ELMIRE, CLÉANTE, MARIANE,
VALÈRE, DAMIS, DORINE.

TARTUFFE, *arrêtant Orgon.*

Tout beau, monsieur, tout beau, ne courez point si vite :
Vous n'irez pas fort loin pour trouver votre gîte ;
Et de la part du prince on vous fait prisonnier.

ORGON.

Traître, tu me gardois ce trait pour le dernier :
C'est le coup, scélérat, par où tu m'expédies ;
Et voilà couronner toutes tes perfidies.

TARTUFFE.

Vos injures n'ont rien à me pouvoir aigrir :
Et je suis, pour le ciel, appris à tout souffrir.

CLÉANTE.

La modération est grande, je l'avoue.

DAMIS.

Comme du ciel l'infâme impudemment se joue !

TARTUFFE.

Tous vos emportements ne sauroient m'émouvoir ;
Et je ne songe à rien qu'à faire mon devoir.

MARIANE.

Vous avez de ceci grande gloire à prétendre ;
Et cet emploi pour vous est fort honnête à prendre.

TARTUFFE.

Un emploi ne sauroit être que glorieux
Quand il part du pouvoir qui m'envoie en ces lieux.

ORGON.

Mais t'es-tu souvenu que ma main charitable

LE TARTUFFE.

Ingrat, t'a retiré d'un état misérable ?

TARTUFFE.

Oui, je sais quels secours j'en ai pu recevoir;
Mais l'intérêt du prince est mon premier devoir.
De ce devoir sacré la juste violence
Étouffe dans mon cœur toute reconnoissance;
Et je sacrifierois à de si puissants nœuds
Ami, femme, parents, et moi-même avec eux.

ELMIRE.

L'imposteur !

DORINE.

Comme il sait, de traîtresse manière,
Se faire un beau manteau de tout ce qu'on révère !

CLÉANTE.

Mais s'il est si parfait que vous le déclarez,
Ce zèle qui vous pousse et dont vous vous parez,
D'où vient que pour paroître il s'avise d'attendre
Qu'à poursuivre sa femme il ait su vous surprendre,
Et que vous ne songez a l'aller dénoncer
Que lorsque son honneur l'oblige à vous chasser ?
Je ne vous parle point, pour devoir en distraire,
Du don de tout son bien qu'il venoit de vous faire;
Mais, le voulant traiter en coupable aujourd'hui,
Pourquoi consentiez-vous a rien prendre de lui ?

TARTUFFE, à l'exempt.

Délivrez-moi, monsieur, de la criaillerie;
Et daignez accomplir votre ordre, je vous prie.

L'EXEMPT.

Oui, c'est trop demeurer, sans doute, à l'accomplir;
Votre bouche à propos m'invite à le remplir :
Et, pour l'exécuter, suivez-moi tout à l'heure
Dans la prison qu'on doit vous donner pour demeure.

TARTUFFE.

Qui ? moi, monsieur ?

L'EXEMPT.

Oui, vous.

TARTUFFE.

Pourquoi donc la prison ?

L'EXEMPT.

Ce n'est pas vous à qui j'en veux rendre raison.

(à Orgon.)

Remettez-vous, monsieur, d'une alarme si chaude.
Nous vivons sous un prince ennemi de la fraude,
Un prince dont les yeux se font jour dans les cœurs,
Et que ne peut tromper tout l'art des imposteurs.
D'un fin discernement sa grande ame pourvue
Sur les choses toujours jette une droite vue ;
Chez elle jamais rien ne surprend trop d'accès,
Et sa ferme raison ne tombe en nul excès.
Il donne aux gens de bien une gloire immortelle ;
Mais sans aveuglement il fait briller ce zèle,
Et l'amour pour les vrais ne ferme point son cœur
A tout ce que les faux doivent donner d'horreur.
Celui-ci n'étoit pas pour le pouvoir surprendre,
Et de pièges plus fins on le voit se défendre.
D'abord il a percé, par ses vives clartés,
Des replis de son cœur toutes les lâchetés.
Venant vous accuser, il s'est trahi lui-même,
Et, par un juste trait de l'équité suprême,
S'est découvert au prince un fourbe renommé,
Dont sous un autre nom il étoit informé ;
Et c'est un long détail d'actions toutes noires
Dont on pourroit former des volumes d'histoires.
Ce monarque, en un mot, a vers vous détesté

Sa lâche ingratitude et sa déloyauté ;
A ses autres horreurs il a joint cette suite,
Et ne m'a jusqu'ici soumis à sa conduite ,
Que pour voir l'impudence aller jusques au bout,
Et vous faire par lui faire raison de tout.
Oui , de tous vos papiers , dont il se dit le maître,
Il veut qu'entre vos mains je dépouille le traître.
D'un souverain pouvoir, il brise les liens
Du contrat qui lui fait un don de tous vos biens,
Et vous pardonne enfin cette offense secrète
Où vous a d'un ami fait tomber la retraite ;
Et c'est le prix qu'il donne au zèle qu'autrefois
On vous vit témoigner en appuyant ses droits,
Pour montrer que son cœur sait, quand moins on y pense,
D'une bonne action verser la récompense ;
Que jamais le mérite avec lui ne perd rien ;
Et que, mieux que du mal, il se souvient du bien.

DORINE.

Que le ciel soit loué !

MADAME PERNELLE.

Maintenant je respire.

ELMIRE.

Favorable succès !

MARIANE.

Qui l'auroit osé dire ?

ORGON, à Tartuffe que l'exempt emmène.

Hé bien ! te voilà, traître !...

SCÈNE VIII.

MADAME PERNELLE, ORGON, ELMIRE, MARIANE, CLÉANTE, VALÈRE, DAMIS, DORINE.

CLÉANTE.

Ah ! mon frère, arrêtez,
Et ne descendez point à des indignités.
A son mauvais destin laissez un misérable,
Et ne vous joignez point au remords qui l'accable.
Souhaitez bien plutôt que son cœur, en ce jour,
Au sein de la vertu fasse un heureux retour ;
Qu'il corrige sa vie en détestant son vice,
Et puisse du grand prince adoucir la justice ;
Tandis qu'à sa bonté vous irez, à genoux,
Rendre ce que demande un traitement si doux.

ORGON.

Oui, c'est bien dit. Allons à ses pieds avec joie
Nous louer des bontés que son cœur nous déploie :
Puis, acquittés un peu de ce premier devoir,
Aux justes soins d'un autre il nous faudra pourvoir,
Et par un doux hymen couronner en Valère
La flamme d'un amant généreux et sincère.

FIN DU TARTUFFE.

GEORGE DANDIN,

OU

LE MARI CONFONDU

COMÉDIE EN TROIS ACTES;

Représentée à Versailles, en juillet 1668, avec intermèdes; et à Paris, sur le théâtre du Palais-Royal, le 9 novembre suivant sans intermèdes.

PERSONNAGES.

GEORGE DANDIN, riche paysan, mari d'Angélique.

ANGÉLIQUE, femme de George Dandin, et fille
de M. de Sotenville.

Monsieur DE SOTENVILLE, gentilhomme cam-
pagnard, père d'Angélique.

Madame DE SOTENVILLE.

CLITANDRE, amant d'Angélique.

CLAUDINE, suivante d'Angélique.

LUBIN, paysan servant Clitandre.

COLIN, valet de George Dandin.

La scène est devant la maison de George Dandin,
à la campagne

GEORGE DANDIN,

OU

LE MARI CONFONDU.

ACTE PREMIER.

SCÈNE I.

GEORGE DANDIN.

Ah! qu'une femme demoiselle est une étrange affaire! et que mon mariage est une leçon bien parlante à tous les paysans qui veulent s'élever au-dessus de leur condition, et s'allier, comme j'ai fait, à la maison d'un gentilhomme! La noblesse de soi est bonne, c'est une chose considérable assurément; mais elle est accompagnée de tant de mauvaises circonstances, qu'il est très bon de ne s'y point frotter. Je suis devenu là-dessus savant à mes dépens, et connois le style des nobles lorsqu'ils nous font, nous autres, entrer dans leur famille. L'alliance qu'ils font est petite avec nos personnes, c'est notre bien seul qu'ils épousent; et j'aurois bien mieux fait, tout riche que je suis, de m'allier en bonne et franche paysannerie, que de prendre une femme qui se tient au-dessus de moi, s'offense de porter mon nom, et pense qu'avec tout mon bien je n'ai pas assez acheté la qualité de son mari. George Dandin! George Dandin! vous avez fait une sottise la plus grande du monde. Ma maison m'est effroyable maintenant, et je n'y rentre point sans y trouver quelque chagrin.

SCÈNE II.

GEORGE DANDIN, LUBIN.

GEORGE DANDIN, *à part, voyant sortir Lubin de chez lui.*

Que diantre ce drôle-là vient-il faire chez moi?

LUBIN, *à part, apercevant George Dandin.*

Voilà un homme qui me regarde!

GEORGE DANDIN, *à part.*

Il ne me connoît pas.

LUBIN, *à part.*

Il se doute de quelque chose.

GEORGE DANDIN, *à part.*

Quais! il a grand' peine à saluer.

LUBIN, *à part.*

J'ai peur qu'il n'aille dire qu'il m'a vu sortir de là-dedans.

GEORGE DANDIN.

Bon jour.

LUBIN.

Serviteur.

GEORGE DANDIN.

Vous n'êtes pas d'ici, que je crois?

LUBIN.

Non; je n'y suis venu que pour voir la fête de
demain.

GEORGE DANDIN.

Hé! dites-moi un peu, s'il vous plaît, vous
venez de là-dedans?

LUBIN.

Chut!

GEORGE DANDIN.

Comment?

LUBIN.

Paix!

GEORGE DANDIN.

Quoi donc?

LUBIN.

Motus! il ne faut pas dire que vous m'ayez vu
sortir de là.

GEORGE DANDIN.

Pourquoi?

LUBIN.

Mon dieu! parce....

GEORGE DANDIN.

Mais encore?

LUBIN.

Doucement, j'ai peur qu'on ne nous écoute.

GEORGE DANDIN.

Point, point.

LUBIN.

C'est que je viens de parler à la maîtresse du logis, de la part d'un certain monsieur qui lui fait les doux yeux; et ne faut pas qu'on sache cela, entendez-vous?

GEORGE DANDIN.

Oui.

LUBIN.

Voilà la raison. On m'a enchargé de prendre garde que personne ne me vît; et je vous prie au moins de ne pas dire que vous m'ayez vu.

GEORGE DANDIN.

Je n'ai garde.

LUBIN.

Je suis bien aise de faire les choses secrètement, comme on m'a recommandé.

GEORGE DANDIN.

C'est bien fait.

LUBIN.

Le mari, à ce qu'ils disent, est un jaloux qui ne veut pas qu'on fasse l'amour à sa femme; et il feroit le diable à quatre si cela venoit à ses oreilles. Vous comprenez bien?

GEORGE DANDIN.

Fort bien.

LUBIN.

Il ne faut pas qu'il sache rien de **tout ceci.**

GEORGE DANDIN,

Sans doute.

LUBIN.

On le veut tromper tout doucement. Vous
entendez bien ?

GEORGE DANDIN.

Le mieux du monde.

LUBIN.

Si vous alliez dire que vous m'avez vu sortir de
chez lui, vous gâteriez toute l'affaire. Vous comprenez bien?

GEORGE DANDIN.

Assurément. Hé! comment nommez-vous celui
qui vous a envoyé là-dedans?

LUBIN.

C'est le seigneur de notre pays, monsieur le
vicomte de chose... Foin! je ne me souviens jamais
comment diantre ils baragouinent ce nom-là;
monsieur Cli... Clitandre.

GEORGE DANDIN.

Est-ce ce jeune courtisan qui demeure...?

LUBIN.

Oui, auprès de ces arbres.

GEORGE DANDIN, *à part.*

C'est pour cela que depuis peu ce damoiseau
poli s'est venu loger contre moi; j'avois bon nez,
sans doute, et son voisinage déjà m'avoit donné
quelque soupçon.

LUBIN.

Tétigué! c'est le plus honnête homme que vous
ayez jamais vu. Il m'a donné trois pièces d'or
pour aller dire seulement à la femme qu'il est

amoureux d'elle, et qu'il souhaite fort l'honneur
de pouvoir lui parler. Voyez s'il y a là une grande
fatigue pour me payer si bien; et ce qu'est, au
prix de cela, une journée de travail où je ne gagne
que dix sous.

GEORGE DANDIN.

Hé bien! avez-vous fait votre message?

LUBIN.

Oui: j'ai trouve là-dedans une certaine Claudine qui, tout du premier coup, a compris ce que
je voulois, et qui m'a fait parler à sa maîtresse.

GEORGE DANDIN, *à part.*

Ah! coquine de servante!

LUBIN.

Morguienne! cette Claudine-là est tout-à-fait
jolie; elle a gagné mon amitié, et il ne tiendra
qu'à elle que nous soyons mariés ensemble.

GEORGE DANDIN.

Mais quelle réponse a faite la maîtresse à ce
monsieur le courtisan?

LUBIN.

—— Elle m'a dit de lui dire... Attendez, je ne sais
si je me souviendrai bien de tout cela : qu'elle lui
est tout-à-fait obligée de l'affection qu'il a pour
elle; et qu'à cause de son mari, qui est fantasque,
il garde d'en rien faire paroître; et qu'il faudra
songer à chercher quelque invention pour se pouvoir entretenir tous deux.

GEORGE DANDIN *à part.*

Ah! pendarde de femme!

LUBIN.

Tétiguienne ! cela sera drôle, car le mari ne se doutera point de la manigance, voilà ce qui est de bon ; et il aura un pied de nez avec sa jalousie, est-ce pas ?

GEORGE DANDIN.

Cela est vrai.

LUBIN.

Adieu. Bouche cousue, au moins. Gardez bien le secret, afin que le mari ne le sache pas.

GEORGE DANDIN.

Oui, oui.

LUBIN.

Pour moi, je vais faire semblant de rien. Je suis un fin matois, et l'on ne diroit pas que j'y touche.

SCÈNE III.

GEORGE DANDIN.

HÉ BIEN ! George Dandin, vous voyez de quel air votre femme vous traite ! Voilà ce que c'est d'avoir voulu épouser une demoiselle ! L'on vous accommode de toutes pièces sans que vous puissiez vous venger, et la gentilhommerie vous tient les bras liés. L'égalité de condition laisse du moins à l'honneur d'un mari la liberté du ressentiment ; et, si c'étoit une paysanne, vous auriez maintenant toutes vos coudées franches à vous en faire la justice à bons coups de bâton. Mais vous avez

voulu tâter de la noblesse, et il vous ennuyoit
d'être maître chez vous. Ah! j'enrage de tout mon
cœur, et je me donnerois volontiers des soufflets.
Quoi! écouter impudemment l'amour d'un damoiseau, et y promettre en même temps de la corres-
pondance! Morbleu! je ne veux point laisser passer
une occasion de la sorte. Il me faut de ce pas aller
faire mes plaintes au père et à la mère, et les rendre
témoins, à telle fin que de raison, des sujets de
chagrin et de ressentiment que leur fille me donne.
Mais les voici l'un et l'autre fort à propos.

SCÈNE IV.

M. DE SOTENVILLE, Mme DE SOTENVILLE, GEORGE DANDIN.

M. DE SOTENVILLE.

Qu'est-ce, mon gendre? vous me paroissez tout
troublé.

GEORGE DANDIN.

Aussi en ai-je du sujet, et...

MADAME DE SOTENVILLE.

Mon dieu! notre gendre, que vous avez peu de
civilité de ne pas saluer les gens quand vous les
approchez!

GEORGE DANDIN.

Ma foi, ma belle-mère, c'est que j'ai d'autres
choses en tête; et...

MADAME DE SOTENVILLE.

Encore! Est-il possible, notre gendre, que

vous sachiez si peu votre monde, et qu'il n'y ait pas moyen de vous instruire de la manière qu'il faut vivre parmi les personnes de qualité?

GEORGE DANDIN.

Comment?

MADAME DE SOTENVILLE.

Ne vous déferez-vous jamais avec moi de la familiarité de ce mot de ma belle-mère? et ne sauriez-vous vous accoutumer à me dire madame?

GEORGE DANDIN.

Parbleu! si vous m'appelez votre gendre, il me semble que je puis vous appeler ma belle-mère.

MADAME DE SOTENVILLE.

Il y a fort à dire, et les choses ne sont pas égales. Apprenez, s'il vous plaît, que ce n'est pas à vous à vous servir de ce mot-là avec une personne de ma condition; que, tout notre gendre que vous soyez, il y a grande différence de vous à nous, et que vous devez vous connoître.

M. DE SOTENVILLE.

C'en est assez, m'amour; laissons cela.

MADAME DE SOTENVILLE.

Mon dieu! monsieur de Sotenville, vous avez des indulgences qui n'appartiennent qu'à vous, et vous ne savez pas vous faire rendre par les gens ce qui vous est dû.

M. DE SOTENVILLE.

Corbleu! pardonnez-moi, on ne peut point me faire de leçons là-dessus; et j'ai su montrer en ma vie, par vingt actions de vigueur, que je ne suis

7.

point homme à démordre jamais d'un pouce de mes prétentions : mais il suffit de lui avoir donné un petit avertissement. Sachons un peu, mon gendre, ce que vous avez dans l'esprit.

GEORGE DANDIN.

Puisqu'il faut donc parler catégoriquement, je vous dirai, monsieur de Sotenville, que j'ai lieu de...

M. DE SOTENVILLE.

Doucement, mon gendre; apprenez qu'il n'est pas respectueux d'appeler les gens par leur nom, et qu'à ceux qui sont au-dessus de nous il faut dire monsieur tout court.

GEORGE DANDIN.

Hé bien! monsieur tout court, et non plus monsieur de Sotenville, j'ai à vous dire que ma femme me donne...

M. DE SOTENVILLE.

Tout beau! apprenez aussi que vous ne devez pas dire ma femme quand vous parlez de notre fille.

GEORGE DANDIN.

J'enrage! Comment! ma femme n'est pas ma femme?

MADAME DE SOTENVILLE.

Oui, notre gendre, elle est votre femme; mais il ne vous est pas permis de l'appeler ainsi, et c'est tout ce que vous pourriez faire si vous aviez épousé une de vos pareilles.

GEORGE DANDIN, *à part.*

Ah! George Dandin, où t'es-tu fourré! *(haut.)* Hé! de grace, mettez pour un moment votre gentilhommerie à côté, et souffrez que je vous parle maintenant comme je pourrai. *(à part.)* Au diantre soit la tyrannie de toutes ces histoires-là! *(à M. de Sotenville.)* Je vous dis donc que je suis mal satisfait de mon mariage.

M. DE SOTENVILLE.

Et la raison, mon gendre?

MADAME DE SOTENVILLE.

Quoi! parler ainsi d'une chose dont vous avez tiré de si grands avantages!

GEORGE DANDIN.

Et quels avantages, madame? puisque madame y a. L'aventure n'a pas été mauvaise pour vous; car sans moi vos affaires, avec votre permission, étoient fort délabrées, et mon argent a servi à reboucher d'assez bons trous : mais moi, de quoi y ai-je profité, je vous prie, que d'un allongement de nom, et, au lieu de George Dandin, d'avoir reçu par vous le titre de M. de la Dandinière?

M. DE SOTENVILLE.

Ne comptez-vous pour rien, mon gendre, l'avantage d'être allié à la maison de Sotenville?

MADAME DE SOTENVILLE.

Et à celle de la Prudoterie, dont j'ai l'honneur d'être issue; maison où le ventre anoblit, et qui par ce beau privilège rendra vos enfants gentilshommes?

GEORGE DANDIN.

Oui, voilà qui est bien, mes enfants seront gentilshommes; mais je serai cocu, moi, si l'on n'y met ordre.

M. DE SOTENVILLE.

Que veut dire cela, mon gendre?

GEORGE DANDIN.

Cela veut dire que votre fille ne vit pas comme il faut qu'une femme vive, et qu'elle fait des choses qui sont contre l'honneur.

MADAME DE SOTENVILLE.

Tout beau! prenez garde à ce que vous dites. Ma fille est d'une race trop pleine de vertu pour se porter jamais à faire aucune chose dont l'honnêteté soit blessée; et, de la maison de la Prudoterie, il y a plus de trois cents ans qu'on n'a point remarqué qu'il y ait eu une femme, dieu merci, qui ait fait parler d'elle.

M. DE SOTENVILLE.

Corbleu, dans la maison de Sotenville on n'a jamais vu de coquette; et la bravoure n'y est pas plus héréditaire aux mâles, que la chasteté aux femelles.

MADAME DE SOTENVILLE.

Nous avons eu une Jacqueline de la Prudoterie qui ne voulut jamais être la maîtresse d'un duc et pair, gouverneur de notre province.

M. DE SOTENVILLE.

Il y a eu une Mathurine de Sotenville qui refusa

vingt mille écus d'un favori du roi, qui ne deman-
doit seulement que la faveur de lui parler.

GEORGE DANDIN.

Oh bien ! votre fille n'est pas si difficile que
cela, et elle s'est apprivoisée depuis qu'elle est
chez moi.

M. DE SOTENVILLE.

Expliquez-vous, mon gendre. Nous ne sommes
point gens à la supporter dans de mauvaises actions ; et nous serons les premiers, sa mère et moi,
à vous en faire la justice.

MADAME DE SOTENVILLE.

Nous n'entendons point raillerie sur les ma-
tières de l'honneur, et nous l'avons élevée dans
toute la sévérité possible.

GEORGE DANDIN.

Tout ce que je vous puis dire, c'est qu'il y a
ici un certain courtisan que vous avez vu, qui est
amoureux d'elle à ma barbe, et qui lui a fait faire
des protestations d'amour, qu'elle a très humai-
nement écoutées.

MADAME DE SOTENVILLE.

Jour de dieu ! je l'étranglerois de mes propres
mains, s'il falloit qu'elle forlignât de l'honnêteté
de sa mère.

M. DE SOTENVILLE.

Corbleu ! je lui passerois mon épée au travers
du corps, à elle et au galant, si elle avoit forfait
à son honneur.

GEORGE DANDIN.

Je vous ai dit ce qui se passe, pour vous faire mes plaintes; et je vous demande raison de cette affaire-là.

M. DE SOTENVILLE.

Ne vous tourmentez point, je vous la ferai de tous deux; et je suis homme pour serrer le bouton à qui que ce puisse être. Mais êtes-vous bien sûr aussi de ce que vous nous dites?

GEORGE DANDIN.

Très sûr.

M. DE SOTENVILLE,

Prenez bien garde, au moins; car, entre gentilshommes, ce sont des choses chatouilleuses, et il n'est pas question d'aller faire ici un pas de clerc.

GEORGE DANDIN.

Je ne vous ai rien dit, vous dis-je, qui ne soit véritable.

M. DE SOTENVILLE.

M'amour, allez-vous-en parler à votre fille, tandis qu'avec mon gendre j'irai parler à l'homme.

MADAME DE SOTENVILLE.

Se pourroit-il, mon fils, qu'elle s'oubliât de la sorte, après le sage exemple que vous savez vous-même que je lui ai donné!

M. DE SOTENVILLE.

Nous allons éclaircir l'affaire. Suivez-moi, mon gendre, et ne vous mettez pas en peine. Vous verrez de quel bois nous nous chauffons, lorsqu'on s'attaque a ceux qui nous peuvent appartenir.

GEORGE DANDIN.

Le voici qui vient vers nous.

SCÈNE V.

M. DE SOTENVILLE, CLITANDRE, GEORGE DANDIN.

M. DE SOTENVILLE.

Monsieur, suis-je connu de vous?

CLITANDRE.

Non pas, que je sache, monsieur.

M. DE SOTENVILLE.

Je m'appelle le baron de Sotenville.

CLITANDRE.

Je m'en réjouis fort.

M. DE SOTENVILLE.

Mon nom est connu à la cour; et j'eus l'honneur, dans ma jeunesse, de me signaler des premiers à l'arrière-ban de Nancy.

CLITANDRE.

A la bonne heure.

M. DE SOTENVILLE.

Monsieur mon père, Jean-Gilles de Sotenville, eut la gloire d'assister en personne au grand siège de Montauban.

CLITANDRE.

J'en suis ravi.

M. DE SOTENVILLE.

Et j'ai eu un aïeul, Bertrand de Sotenville, qui fut si considéré en son temps, que d'avoir permission de vendre tout son bien pour le voyage d'outre-mer.

CLITANDRE.

Je le veux croire.

M. DE SOTENVILLE.

Il m'a été rapporté, monsieur, que vous aimez et poursuivez une jeune personne, qui est ma fille, pour laquelle je m'intéresse (*montrant George Dandin*), et pour l'homme que vous voyez, qui a l'honneur d'être mon gendre.

CLITANDRE.

Qui? moi?

M. DE SOTENVILLE.

Oui; et je suis bien aise de vous parler, pour tirer de vous, s'il vous plaît, un éclaircissement de cette affaire.

CLITANDRE.

Voilà une étrange médisance! Qui vous a dit cela, monsieur?

M. DE SOTENVILLE.

Quelqu'un qui croit le bien savoir.

CLITANDRE.

Ce quelqu'un-là en a menti. Je suis honnête homme. Me croyez-vous capable, monsieur, d'une action aussi lâche que celle-là? Moi, aimer une jeune et belle personne qui a l'honneur d'être la

fille de monsieur le baron de Sotenville! je vous
révère trop pour cela, et suis trop votre serviteur.
Quiconque vous l'a dit est un sot.

M. DE SOTENVILLE.

Allons, mon gendre.

GEORGE DANDIN.

Quoi?

CLITANDRE.

C'est un coquin et un maraud.

M. DE SOTENVILLE, *à George Dandin.*

Répondez.

GEORGE DANDIN.

Répondez vous-même.

CLITANDRE.

Si je savois qui ce peut être, je lui donnerois,
en votre présence, de l'épée dans le ventre.

M. DE SOTENVILLE, *à George Dandin.*

Soutenez donc la chose.

GEORGE DANDIN.

Elle est toute soutenue. Cela est vrai.

CLITANDRE.

Est-ce votre gendre, monsieur, qui...?

M. DE SOTENVILLE.

Oui, c'est lui-même qui s'en est plaint à moi.

CLITANDRE.

Certes, il peut remercier l'avantage qu'il a de
vous appartenir; et sans cela je lui apprendrois
bien à tenir de pareils discours d'une personne
comme moi.

SCÈNE VI.

M. DE SOTENVILLE, Mme DE SOTENVILLE, ANGÉLIQUE, CLITANDRE, GEORGE DANDIN, CLAUDINE.

MADAME DE SOTENVILLE.

Pour ce qui est de cela, la jalousie est une étrange chose! J'amène ici ma fille pour éclaircir l'affaire en présence de tout le monde.

CLITANDRE, *à Angélique.*

Est-ce donc vous, madame, qui avez dit à votre mari que je suis amoureux de vous?

ANGÉLIQUE.

Moi? Hé! comment lui aurois-je dit? Est-ce que cela est? Je voudrois bien le voir, vraiment, que vous fussiez amoureux de moi. Jouez-vous-y; je vous en prie; vous trouverez à qui parler; c'est une chose que je vous conseille de faire. Ayez recours, pour voir, à tous les détours des amants : essayez un peu, par plaisir, à m'envoyer des ambassades, à m'écrire secrètement de petits billets doux, à épier les moments que mon mari n'y sera pas, ou le temps que je sortirai, pour me parler de votre amour; vous n'avez qu'à y venir, je vous promets que vous serez reçu comme il faut.

CLITANDRE.

Hé! là, là, madame, tout doucement. Il n'est pas nécessaire de me faire tant de leçons, et de

vous tant scandaliser. Qui vous dit que je songe à
vous aimer?

ANGÉLIQUE.

Que sais-je, moi, ce qu'on me vient conter ici?

CLITANDRE.

On dira ce que l'on voudra; mais vous savez si
je vous ai parlé d'amour lorsque je vous ai ren-
contrée.

ANGÉLIQUE.

Vous n'aviez qu'à le faire, vous auriez été bien
venu.

CLITANDRE.

Je vous assure qu'avec moi vous n'avez rien à
craindre; que je ne suis point homme à donner du
chagrin aux belles; et que je vous respecte trop,
et vous, et messieurs vos parents, pour avoir la
pensée d'être amoureux de vous.

MADAME DE SOTENVILLE, à George Dandin.

Hé bien! vous le voyez.

M. DE SOTENVILLE.

Vous voilà satisfait, mon gendre. Que dites-vous
à cela?

GEORGE DANDIN.

Je dis que ce sont là des contes à dormir debout;
que je sais bien ce que je sais; et que tantôt, puisqu'il faut parler net, elle a reçu une ambassade de
sa part.

ANGÉLIQUE.

Moi? j'ai reçu une ambassade?

CLITANDRE.

J'ai envoyé une ambassade?

ANGÉLIQUE.

Claudine?

CLITANDRE, *à Claudine.*

Est-il vrai?

CLAUDINE.

Par ma foi, voilà une étrange fausseté!

GEORGE DANDIN.

Taisez-vous, carogne que vous êtes. Je sais de vos nouvelles; et c'est vous qui tantôt avez introduit le courrier.

CLAUDINE.

Qui? moi?

GEORGE DANDIN.

Oui, vous. Ne faites point tant la sucrée.

CLAUDINE.

Hélas! que le monde aujourd'hui est rempli de méchanceté, de m'aller soupçonner ainsi, moi qui suis l'innocence même!

GEORGE DANDIN.

Taisez-vous, bonne pièce. Vous faites la sournoise, mais je vous connois il y a long-temps; et vous êtes une dessalée.

CLAUDINE, *à Angélique.*

Madame, est-ce que...?

GEORGE DANDIN.

Taisez-vous, vous dis-je; vous pourriez bien porter la folle enchère de tous les autres, et vous n'avez point de père gentilhomme.

ANGÉLIQUE.

C'est une imposture si grande, et qui me touche
si fort au cœur, que je ne puis pas même avoir la
force d'y répondre. Cela est bien horrible d'être
accusée par un mari, lorsqu'on ne lui fait rien qui
ne soit à faire! Hélas! si je suis blâmable de quelque
chose, c'est d'en user trop bien avec lui.

CLAUDINE.

Assurément.

ANGÉLIQUE.

Tout mon malheur est de le trop considérer;
et plût au ciel que je fusse capable de souffrir,
comme il dit, les galanteries de quelqu'un! je ne
serois point tant à plaindre. Adieu, je me retire;
je ne puis plus endurer qu'on m'outrage de cette
sorte.

SCÈNE VII.

M. DE SOTENVILLE, Mme DE SOTENVILLE,
CLITANDRE, GEORGE DANDIN, CLAU-
DINE.

MADAME DE SOTENVILLE, *à George Dandin.*

ALLEZ, vous ne méritez pas l'honnête femme
qu'on vous a donnée.

CLAUDINE.

Par ma foi, il mériteroit qu'elle lui fît dire
vrai: et, si j'étois en sa place, je n'y marchanderois
pas. (*à Clitandre.*) Oui, monsieur, vous devez, pour
le punir, faire l'amour à ma maîtresse. Poussez,

c'est moi qui vous le dis, ce sera fort bien employé;
et je m'offre à vous y servir, puisqu'il m'en a
déjà taxée.

(Claudine sort.)

M. DE SOTENVILLE

Vous méritez, mon gendre, qu'on vous dise
ces choses-là; et votre procédé met tout le monde
contre vous.

MADAME DE SOTENVILLE.

Allez, songez à mieux traiter une demoiselle
bien née; et prenez garde désormais à ne plus faire
de pareilles bévues.

GEORGE DANDIN, à part.

J'enrage de bon cœur d'avoir tort lorsque j'ai
raison.

SCÈNE VIII.

M. DE SOTENVILLE, CLITANDRE,
GEORGE DANDIN.

CLITANDRE, à M. de Sotenville.

Monsieur, vous voyez comme j'ai été faussement
accusé : vous êtes homme qui savez les maximes du
point d'honneur; et je vous demande raison de
l'affront qui m'a été fait.

M. DE SOTENVILLE.

Cela est juste, et c'est l'ordre des procédés.
Allons, mon gendre, faites satisfaction à monsieur.

GEORGE DANDIN.

Comment! satisfaction?

M. DE SOTENVILLE.

Oui, cela se doit dans les règles, pour l'avoir à tort accusé.

GEORGE DANDIN.

C'est une chose, moi, dont je ne demeure pas d'accord, de l'avoir à tort accusé ; et je sais bien ce que j'en pense.

M. DE SOTENVILLE.

Il n'importe. Quelque pensée qui vous puisse rester, il a nié, c'est satisfaire les personnes ; et l'on n'a nul droit de se plaindre de tout homme qui se dédit.

GEORGE DANDIN.

Si bien donc que, si je le trouvois couché avec ma femme, il en seroit quitte pour se dédire ?

M. DE SOTENVILLE.

Point de raisonnement. Faites-lui les excuses que je vous dis.

GEORGE DANDIN.

Moi! je lui ferai encore des excuses après...!

M. DE SOTENVILLE.

Allons, vous dis-je, il n'y a rien à balancer ; et vous n'avez que faire d'avoir peur d'en trop faire, puisque c'est moi qui vous conduis.

GEORGE DANDIN.

Je ne saurois...

M. DE SOTENVILLE.

Corbleu ! mon gendre, ne m'échauffez pas la bile. Je me mettrois avec lui contre vous. Allons, laissez-vous gouverner par moi.

GEORGE DANDIN, *à part.*

Ah! George Dandin!

M. DE SOTENVILLE.

Votre bonnet à la main le premier; monsieur est gentilhomme, et vous ne l'êtes pas.

GEORGE DANDIN, *à part, le bonnet à la main.*

J'enrage!

M. DE SOTENVILLE.

Répétez après moi... Monsieur...

GEORGE DANDIN.

Monsieur...

M. DE SOTENVILLE.

Je vous demande pardon...

(voyant que George Dandin fait difficulté de lui obéir.)

Ah!

GEORGE DANDIN.

Je vous demande pardon...

M. DE SOTENVILLE.

Des mauvaises pensées que j'ai eues de vous.

GEORGE DANDIN.

Des mauvaises pensées que j'ai eues de vous.

M. DE SOTENVILLE.

C'est que je n'avois pas l'honneur de vous connoître.

GEORGE DANDIN.

C'est que je n'avois pas l'honneur de vous connoître.

M. DE SOTENVILLE.

Et je vous prie de croire...

GEORGE DANDIN.

Et je vous prie de croire...

M. DE SOTENVILLE.

Que je suis votre serviteur.

GEORGE DANDIN.

Voulez-vous que je sois serviteur d'un homme qui me veut faire cocu?

M. DE SOTENVILLE, *le menaçant encore.*
Ah!

CLITANDRE.

Il suffit, monsieur.

M. DE SOTENVILLE.

Non, je veux qu'il achève, et que tout aille dans les formes... Que je suis votre serviteur.

GEORGE DANDIN.

Que je suis votre serviteur.

CLITANDRE, *à George Dandin.*

Monsieur, je suis le vôtre de tout mon cœur, et je ne songe plus à ce qui s'est passé. (*à M. de Sotenville.*) Pour vous, monsieur, je vous donne le bon jour, et suis fâché du petit chagrin que vous avez eu.

M. DE SOTENVILLE.

Je vous baise les mains; et, quand il vous plaira, je vous donnerai le divertissement de courre un lièvre.

CLITANDRE.

C'est trop de grace que vous me faites.
(*Clitandre sort.*)

8

M. DE SOTENVILLE.

Voilà, mon gendre, comme il faut pousser les
choses. Adieu. Sachez que vous êtes entré dans une
famille qui vous donnera de l'appui, et ne souf-
frira point que l'on vous fasse aucun affront.

SCÈNE IX.

GEORGE DANDIN.

Ah ! que je.. Vous l'avez voulu, vous l'avez voulu,
George Dandin, vous l'avez voulu ; cela vous sied
fort bien, et vous voilà ajusté comme il faut : vous
avez justement ce que vous méritez. Allons, il s'a-
git seulement de désabuser le père et la mère ; et je
pourrai trouver peut-être quelque moyen d'y
réussir.

FIN DU PREMIER ACTE.

ACTE SECOND.

SCÈNE I.

CLAUDINE, LUBIN.

CLAUDINE.

Oui, j'ai bien deviné qu'il falloit que cela vînt de
toi, et que tu l'eusses dit à quelqu'un qui l'ait rapporté à notre maître.

LUBIN.

Par ma foi, je n'en ai touché qu'un petit mot en
passant à un homme, afin qu'il ne dît point qu'il
m'avoit vu sortir; et il faut que les gens, en ce
pays-ci, soient de grands babillards.

CLAUDINE.

Vraiment, ce monsieur le vicomte a bien choisi
son monde, que de te prendre pour son ambassa-
deur; et il s'est allé servir là d'un homme bien
chanceux.

LUBIN.

Va, une autre fois je serai plus fin, et je prendrai
mieux garde à moi.

CLAUDINE.

Oui, oui, il sera temps.

LUBIN.

Ne parlons plus de cela. Écoute

CLAUDINE.

Que veux-tu que j'écoute?

LUBIN.

Tourne un peu ton visage devers moi.

CLAUDINE.

Hé bien! qu'est-ce?

LUBIN.

Claudine.

CLAUDINE.

Quoi?

LUBIN.

Hé! là! ne sais-tu pas bien ce que je veux dire?

CLAUDINE.

Non.

LUBIN.

Morgué! je t'aime.

CLAUDINE.

Tout de bon?

LUBIN.

Oui, le diable m'emporte! tu me peux croire,
puisque j'en jure.

CLAUDINE.

A la bonne heure.

LUBIN.

Je me sens tout tribouiller le cœur quand je te
regarde.

CLAUDINE.

Je m'en réjouis.

LUBIN.

Comment est-ce que tu fais pour être si jolie?

CLAUDINE.

Je fais comme font les autres.

LUBIN.

Vois-tu, il ne faut point tant de beurre pour faire un quarteron : si tu veux tu seras ma femme, je serai ton mari ; et nous serons tous deux mari et femme.

CLAUDINE.

Tu serois peut-être jaloux comme notre maître.

LUBIN.

Point.

CLAUDINE.

Pour moi, je hais les maris soupçonneux, et j'en veux un qui ne s'épouvante de rien, un si plein de confiance, et si sûr de ma chasteté, qu'il me vît sans inquiétude au milieu de trente hommes.

LUBIN.

Hé bien ! je serai tout comme cela.

CLAUDINE.

C'est la plus sotte chose du monde que de se défier d'une femme, et de la tourmenter. La vérité de l'affaire est qu'on n'y gagne rien de bon : cela nous fait songer à mal ; et ce sont souvent les maris qui, avec leurs vacarmes, se font eux-mêmes ce qu'ils sont.

LUBIN.

Hé bien ! je te donnerai la liberté de faire tout ce qu'il te plaira.

CLAUDINE.

Voilà comme il faut faire pour n'être point

trompe. Lorsqu'un mari se met à notre discrétion,
nous ne prenons de liberté que ce qu'il nous en faut ;
et il en est comme avec ceux qui nous ouvrent leur
bourse, et nous disent, prenez : nous en usons honnêtement, et nous nous contentons de la raison. Mais
ceux qui nous chicanent, nous nous efforçons de les
tondre, et nous ne les épargnons point.

LUBIN.

Va, je serai de ceux qui ouvrent leur bourse, et
tu n'as qu'à te marier avec moi.

CLAUDINE.

Hé bien, bien, nous verrons.

LUBIN.

Viens donc ici, Claudine.

CLAUDINE.

Que veux-tu ?

LUBIN.

Viens, te dis-je.

CLAUDINE.

Ah ! doucement. Je n'aime pas les patineurs.

LUBIN.

Hé ! un petit brin d'amitié.

CLAUDINE.

Laisse-moi là, te dis-je ; je n'entends pas raillerie.

LUBIN.

Claudine.

CLAUDINE, *repoussant Lubin*.

Hai !

LUBIN.

Hh ! que tu es rude à pauvres gens ! Fi ! que cela

est malhonnête de refuser les personnes ! N'as-tu
point de honte d'être belle, et de ne vouloir pas qu'on
te caresse ? Hé ! hé !

CLAUDINE

Je te donnerai sur le nez.

LUBIN.

Oh ! la farouche ! la sauvage ! Fi ! pouah ! la vilaine qui est cruelle !

CLAUDINE.

Tu t'émancipes trop.

LUBIN.

Q'est-ce que cela te coûteroit de me laisser un peu
faire ?

CLAUDINE.

Il faut que tu te donnes patience.

LUBIN.

Un petit baiser seulement , en rabattant sur notre
mariage.

CLAUDINE.

Je suis votre servante.

LUBIN.

Claudine , je t'en prie , sur l'et tant moins.

CLAUDINE.

Hé ! que nenni. J'y ai déjà été attrapée. Adieu,
Va-t-en , et dis à monsieur le vicomte que j'aurai
soin de rendre son billet.

LUBIN.

Adieu, beauté rudanière,

CLAUDINE.

Le mot est amoureux.

LUBIN.

Adieu, rocher, caillou, pierre de taille, et tout ce qu'il y a de plus dur au monde.

CLAUDINE, *seule.*

Je vais remettre aux mains de ma maîtresse…. Mais la voici avec son mari : éloignons-nous, et attendons qu'elle soit seule.

SCÈNE II

GEORGE DANDIN, ANGÉLIQUE.

GEORGE DANDIN.

Non, non; on ne m'abuse pas avec tant de facilité; et je ne suis que trop certain que le rapport que l'on m'a fait est véritable. J'ai de meilleurs yeux qu'on ne pense, et votre galimatias ne m'a point tantôt ébloui.

SCÈNE III.

CLITANDRE, ANGÉLIQUE, GEORGE DANDIN.

CLITANDRE, *à part, dans le fond du théâtre.*

Ah! la voilà; mais le mari est avec elle.

GEORGE DANDIN, *sans voir Clitandre.*

Au travers de toutes vos grimaces, j'ai vu la vérité de ce que l'on m'a dit, et le peu de respect que vous avez pour le nœud qui nous joint.

(Clitandre et Angélique se saluent.)

Mon dieu! laissez là votre révérence; ce n'est
pas de ces sortes de respects dont je vous parle, et
vous n'avez que faire de vous moquer.

ANGÉLIQUE.

Moi, me moquer! en aucune façon.

GEORGE DANDIN.

Je sais votre pensée, et connois...

(Clitandre et Angélique se saluent encore.)

Encore! Ah! ne raillons point davantage. Je
n'ignore pas qu'à cause de votre noblesse vous me
tenez fort au-dessous de vous : et le respect que je
veux dire ne regarde point ma personne; j'entends
parler de celui que vous devez à des nœuds aussi
vénérables que le sont ceux du mariage.

(Angélique fait signe à Clitandre.)

Il ne faut point lever les épaules, et je ne dis point
de sottises.

ANGÉLIQUE.

Qui songe à lever les épaules?

GEORGE DANDIN.

Mon dieu! nous voyons clair. Je vous dis encore
une fois que le mariage est une chaîne à laquelle
on doit porter toutes sortes de respects; et que
c'est fort mal fait à vous d'en user comme vous
faites.

(Angélique fait signe de la tête à Clitandre.)

Oui, oui, mal fait à vous; et vous n'avez que faire
de hocher la tête et de me faire la grimace.

ANGÉLIQUE.

Moi ? je sais ce que vous voulez dire.

GEORGE DANDIN

Je le sais fort bien, moi ; et vos mépris me sont connus. Si je ne suis pas né noble, au moins suis-je d'une race où il n'y a point de reproche : et la famil des Dandins....

CLITANDRE, *derrière Angélique, sans être aperçu de George Dandin.*

Un moment d'entretien.

GEORGE DANDIN, *sans voir Clitandre.*

Hé !

ANGÉLIQUE.

Quoi ? je ne dis mot.

(George Dandin tourne autour de sa femme, et Clitandre se retire en faisant une grande révérence à George Dandin.)

SCÈNE IV.

GEORGE DANDIN, ANGÉLIQUE.

GEORGE DANDIN.

Le voilà qui vient rôder autour de vous.

ANGÉLIQUE

Hé bien ! est-ce ma faute ? Que voulez-vous que j'y fasse ?

GEORGE DANDIN.

Je veux que vous y fassiez ce que fait une femme qui ne veux plaire qu'à son mari. Quoi qu'on en puisse dire, les galants n'obsèdent jamais que quand

on le veut bien ; il y a un certain air doucereux qui
les attire, ainsi que le miel fait des mouches ; et les
honnêtes femmes ont des manières qui les savent
chasser d'abord.

ANGÉLIQUE.

Moi, les chasser ? et par quelle raison ? Je ne me
scandalise point qu'on me trouve bien faite ; et cela
me fait du plaisir.

GEORGE DANDIN.

Oui ! Mais quel personnage voulez-vous que joue
un mari pendant cette galanterie ?

ANGÉLIQUE.

Le personnage d'un honnête homme , qui est bien
aise de voir sa femme considérée.

GEORGE DANDIN.

Je suis votre valet. Ce n'est pas là mon compte ,
et les Dandins ne sont point accoutumés à cette
mode-là.

ANGÉLIQUE.

Oh ! que les Dandins s'y accoutumeront s'ils veulent ;
car pour moi je vous déclare que mon dessein n'est
pas de renoncer au monde et de m'enterrer toute vive
dans un mari. Comment ! parce qu'un homme s'avise
de nous épouser, il faut d'abord que toutes choses
soient finies pour nous, et que nous rompions
tout commerce avec les vivants ! C'est une chose
merveilleuse que cette tyrannie de messieurs
les maris ; et je les trouve bons de vouloir
qu'on soit morte à tous les divertissements, et

qu'on ne vive que pour eux! Je me moque de cela, et ne veux point mourir si jeune.

GEORGE DANDIN.

C'est ainsi que vous satisfaites aux engagements de la foi que vous m'avez donnée publiquement?

ANGÉLIQUE.

Moi? je ne vous l'ai point donnée de bon cœur, et vous me l'avez arrachée. M'avez-vous avant le mariage demandé mon consentement, et si je voulois bien de vous? Vous n'avez consulté pour cela que mon père et ma mère : ce sont eux proprement qui vous ont épousé ; et c'est pourquoi vous ferez bien de vous plaindre toujours à eux des torts que l'on pourra vous faire. Pour moi, qui ne vous ai point dit de vous marier avec moi, et que vous avez prise sans consulter mes sentiments, je prétends n'être point obligée à me soumettre en esclave à vos volontés ; et je veux jouir, s'il vous plaît, de quelque nombre de beaux jours que m'offre la jeunesse, prendre les douces libertés que l'âge me permet, voir un peu le beau monde, et goûter le plaisir de m'ouïr dire des douceurs. Préparez-vous-y pour votre punition, et rendez graces au ciel de ce que je ne suis pas capable de quelque chose de pis.

GEORGE DANDIN.

Oui! c'est ainsi que vous le prenez! Je suis **votre mari**, et je vous dis que je n'entends pas cela.

ANGÉLIQUE.

Moi, je suis votre femme, et je vous dis que je l'entends.

GEORGE DANDIN, *à part.*

Il me prend des tentations d'accommoder tout son visage à la compote, et le mettre en état de ne plaire de sa vie aux diseurs de fleurettes. Ah! allons, George Dandin; je ne pourrois me retenir, et il vaut mieux quitter la place.

SCÈNE V.

ANGÉLIQUE, CLAUDINE.

CLAUDINE.

J'avois, madame, impatience qu'il s'en allât, pour vous rendre ce mot de la part que vous savez.

ANGÉLIQUE.

Voyons.

CLAUDINE, *à part.*

A ce que je puis remarquer, ce qu'on lui écrit ne lui déplaît pas trop.

ANGÉLIQUE.

Ah! Claudine, que ce billet s'explique d'une façon galante! Que dans tous leurs discours et dans toutes leurs actions les gens de cour ont un air agréable! et qu'est-ce que c'est auprès d'eux que nos gens de province?

CLAUDINE.

Je crois qu'après les avoir vus les Dandin ne vous plaisent guère.

ANGÉLIQUE.

Demeure ici, je m'en vais faire la réponse.

CLAUDINE , *seule.*

Je n'ai pas besoin, que je pense ; de lui recommander de la faire agréable. Mais voici....

SCÈNE VI.

CLITANDRE , LUBIN , CLAUDINE.

CLAUDINE.

VRAIMENT , monsieur*, vous avez pris là un habile messager !

CLITANDRE.

Je n'ai pas osé envoyer de mes gens. Mais , ma pauvre Claudine , il faut que je te récompense des bons offices que je sais que tu m'as rendus.

(*Il fouille dans sa poche.*)

CLAUDINE.

Hé ! monsieur, il n'est pas nécessaire. Non , monsieur, vous n'avez que faire de vous donner cette peine-là ; et je vous rends service parce que vous le méritez ; et je me sens au cœur de l'inclination pour vous.

CLITANDRE , *donnant de l'argent à Claudine.*

Je te suis obligé.

LUBIN , *à Claudine.*

Puisque nous serons mariés, donne-moi cela, que je le mette avec le mien.

CLAUDINE.

Je te le garde aussi bien que le baiser.

CLITANDRE, *à Claudine.*

Dis-moi, as-tu rendu mon billet à ta belle maîtresse ?

CLAUDINE.

Oui ; elle est allée y répondre.

CLITANDRE.

Mais, Claudine, n'y a-t-il pas moyen que je la
puisse entretenir ?

CLAUDINE.

Oui ; venez avec moi, je vous ferai parler à elle.

CLITANDRE.

Mais le trouvera-t-elle bon ? et n'y a-t-il rien
risquer ?

CLAUDINE.

Non, non. Son mari n'est pas au logis : et puis
ce n'est pas lui qu'elle a le plus à ménager, c'est son
père et sa mère ; et pourvu qu'ils soient prévenus,
tout le reste n'est point à craindre.

CLITANDRE.

Je m'abandonne à ta conduite.

LUBIN, *seul.*

Testiguenne ! que j'aurai là une habile femme ! Elle
a de l'esprit comme quatre.

SCÈNE VII.

GEORGE DANDIN, LUBIN.

GEORGE DANDIN, *bas, à part.*

Voici mon homme de tantôt. Plût au ciel ! qu'il pût
se résoudre à vouloir rendre témoignage au

père et à la mère de ce qu'ils ne veulent point croire !

LUBIN.

Ah ! vous voilà, monsieur le babillard, à qui j'avois tant recommandé de ne point parler, et qui me l'aviez tant promis ! Vous êtes donc un causeur, et vous allez redire ce que l'on vous dit en secret.

GEORGE DANDIN.

Moi ?

LUBIN.

Oui ; vous avez été tout rapporter au mari, et vous êtes cause qu'il a fait du vacarme. Je suis bien aise de savoir que vous avez de la langue, et cela m'apprendra à ne vous plus rien dire.

GEORGE DANDIN.

Écoute, mon ami.

LUBIN.

Si vous n'aviez point babillé, je vous aurois conté ce qui se passe à cette heure ; mais, pour votre punition, vous ne saurez rien du tout.

GEORGE DANDIN.

Comment ! qu'est-ce qui se passe ?

LUBIN.

Rien, rien. Voilà ce que c'est d'avoir causé ; vous n'en tâterez plus, et je vous laisse sur la bonne bouche.

GEORGE DANDIN,

Arrête un peu.

LUBIN.

Point.

GEORGE DANDIN.

Je ne te veux dire qu'un mot.

LUBIN.

Nennin, nennin. Vous avez envie de me tirer
les vers du nez.

GEORGE DANDIN.

Non, ce n'est pas cela.

LUBIN.

Hé! quelque sot... Je vous vois venir.

GEORGE DANDIN.

C'est autre chose. Écoute.

LUBIN.

Point d'affaire. Vous voudriez que je vous disse
que monsieur le vicomte vient de donner de l'argent à Claudine, et qu'elle l'a mené chez sa maîtresse. Mais je ne suis pas si bête.

GEORGE DANDIN.

De grace.

LUBIN.

Non.

GEORGE DANDIN.

Je te donnerai...

LUBIN.

Tarare.

SCÈNE VIII.

GEORGE DANDIN.

Je n'ai pu me servir, avec cet innocent, de la pensée que j'avois. Mais le nouvel avis qui lui est échappé feroit la même chose ; et, si le galant est chez moi ce seroit pour avoir raison aux yeux du père et de la mère, et les convaincre pleinement de l'effronterie de leur fille. Le mal de tout ceci, c'est que je ne sais comment faire pour profiter d'un tel avis. Si je rentre chez moi, je ferai évader le drôle ; et, quelque chose que je puisse voir moi-même de mon déshonneur, je n'en serai point cru à mon serment, et l'on me dira que je rêve. Si, d'autre part, je vais quérir beau-père et belle-mère sans être sûr de trouver chez moi le galant, ce sera la même chose ; et je retomberai dans l'inconvénient de tantôt. Pourrois-je point m'éclaircir doucement s'il y est encore ?

(après avoir été regarder par le trou de la serrure.)
Ah ciel ! il n'en faut plus douter, et je viens de l'apercevoir par le trou de la porte. Le sort me donne ici de quoi confondre ma partie ; et, pour achever l'aventure, il fait venir à point nommé les juges dont j'avais besoin.

SCENE IX.

M. DE SOTENVILLE, Mme DE SOTENVILLE, GEORGE DANDIN.

GEORGE DANDIN.

Enfin, vous ne m'avez pas voulu croire tantôt, et votre fille l'a emporté sur moi : mais j'ai en main de quoi vous faire voir comme elle m'accommode ; et, dieu merci, mon déshonneur est si clair maintenant, que vous n'en pourrez plus douter.

M. DE SOTENVILLE.

Comment ! mon gendre, vous en êtes encore là-dessus ?

GEORGE DANDIN.

Oui, j'y suis, et jamais je n'eus tant de sujet d'y être.

MADAME DE SOTENVILLE.

Vous nous venez encore étourdir la tête ?

GEORGE DANDIN.

Oui, madame ; et l'on fait bien pis à la mienne.

M. DE SOTENVILLE.

Ne vous lassez-vous point de vous rendre importun ?

GEORGE DANDIN.

Non ; mais je me lasse fort d'être pris pour dupe.

MADAME DE SOTENVILLE.

Ne voulez-vous point vous défaire de vos pensées extravagantes ?

GEORGE DANDIN.

Non, madame; mais je voudrois bien me défaire d'une femme qui me déshonore.

MADAME DE SOTENVILLE.

Jour de dieu! notre gendre, apprenez à parler.

M. DE SOTENVILLE.

Corbleu! cherchez des termes moins offensants que ceux-là.

GEORGE DANDIN.

Marchand qui perd ne peut rire.

MADAME DE SOTENVILLE.

Souvenez-vous que vous avez épousé une demoiselle.

GEORGE DANDIN.

Je m'en souviens assez, et ne m'en souviendrai que trop.

M. DE SOTENVILLE.

Si vous vous en souvenez, songez donc à parler d'elle avec plus de respect.

GEORGE DANDIN.

Mais que ne songe-t-elle plutôt à me traiter plus honnêtement? Quoi! parcequ'elle est demoiselle, il faut qu'elle ait la liberté de me faire ce qui lui plaît, sans que j'ose souffler?

M. DE SOTENVILLE.

Qu'avez-vous donc, et que pouvez-vous dire?

N'avez-vous pas vu ce matin qu'elle s'est défendue de connoître celui dont vous m'étiez venu parler?

GEORGE DANDIN.

Oui; mais, vous, que pourrez-vous dire si je vous fais voir maintenant que le galant est avec elle?

MADAME DE SOTENVILLE.

Avec elle?

GEORGE DANDIN.

Oui, avec elle, et dans ma maison.

M. DE SOTENVILLE.

Dans votre maison?

GEORGE DANDIN.

Oui, dans ma propre maison.

MADAME DE SOTENVILLE.

Si cela est, nous serons pour vous contre elle.

M. DE SOTENVILLE.

Oui, l'honneur de notre famille nous est plus cher que toute chose; et, si vous dites vrai, nous la renoncerons pour notre sang, et l'abandonnerons à votre colère.

GEORGE DANDIN.

Vous n'avez qu'à me suivre.

MADAME DE SOTENVILLE.

Gardez de vous tromper.

M. DE SOTENVILLE.

N'allez pas faire comme tantôt.

GEORGE DANDIN.

Mon dieu! vous allez voir. (*montrant Clitandre qui sort avec Angélique.*) Tenez, ai-je menti?

SCÈNE X.

ANGÉLIQUE ; CLITANDRE , CLAUDINE ; M.
DE SOTENVILLE et Mme DE SOTENVILLE
AVEC GEORGE DANDIN, *dans le fond du théâtre.*

ANGÉLIQUE, *à Clitandre.*

ADIEU ; j'ai peur qu'on vous surprenne ici , et j'ai
quelques mesures à garder.

CLITANDRE.

Promettez-moi donc, madame, que je pourrai vous
parler cette nuit.

ANGÉLIQUE.

Je ferai mes efforts.

GEORGE DANDIN , *à monsieur, et à madame de So-tenville.*

Approchons doucement par derrière, et tâchons de
n'être point vus.

CLAUDINE.

Ah ! madame, tout est perdu ! Voilà votre père et
votre mère accompagnés de votre mari.

CLITANDRE.

Ah ciel !

ANGÉLIQUE, *bas, à Clitandre et à Claudine.*

Ne faites pas semblant de rien , et me laissez faire
tous deux. (*haut, à Clitandre.*) Quoi ! vous osez en
user de la sorte, après l'affaire de tantôt, et c'est
ainsi que vous dissimulez vos sentiments ! On me

vient rapporter que vous avez de l'amour pour moi ,
et que vous faites des desseins de me solliciter ; j'en
témoigne mon dépit , et m'explique à vous clairement en présence de tout le monde ; vous niez hautement la chose, et me donnez parole de n'avoir aucune pensée de m'offenser : et cependant le même jour
vous prenez la hardiesse de venir chez moi me rendre
visite, de me dire que vous m'aimez , de me faire
cents sots-contes , pour me persuader de répondre à
vos extravagances , comme si j'étais femme à violer
la foi que j'ai donnée à un mari , et m'éloigner jamais de la vertu que mes parents m'ont enseignée ! Si
mon père savait cela , il vous apprendait bien à
tenter de ces entreprises ! Mais une honnête femme
n'aime point les éclats ; je n'ai garde de lui en rien
dire ;

(après avoir fait signe à Claudine d'apporter un
bâton.)

et je veux vous montrer que , toute femme que je
suis, j'ai assez de courage pour me venger moi-même
des offenses que l'on me fait. L'action que vous avez
faite n'est pas d'un gentilhomme , et ce n'est pas en
gentilhomme aussi que je vous traiterai.

(Angélique prend le bâton et le lève sur Clitandre ,
qui se range de façon que les coups tombent sur
George Dandin.)

CLITANDRE , *criant comme s'il avait été frappé.*

Ah ! ah ! ah ! ah ! ah ! doucement !

SCÈNE XI.

M. DE SOTENVILLE, Mme DE SOTENVILLE, ANGÉLIQUE, GEORGE DANDIN, CLAUDINE.

CLAUDINE.

Fort! madame, frappez comme il faut.

ANGÉLIQUE, *faisant semblant de parler à Clitandre.*

S'il vous demeure quelque chose sur le cœur, je suis pour vous répondre.

CLAUDINE.

Apprenez à qui vous vous jouez.

ANGÉLIQUE, *faisant l'étonnée.*

Ah! mon père, vous êtes là!

M. DE SOTENVILLE.

Oui, ma fille; et je vois qu'en sagesse et en courage tu te montres un digne rejeton de la maison de Sotenville. Viens çà, approche-toi que je t'embrasse.

MADAME DE SOTENVILLE.

Embrasse-moi aussi, ma fille. Las! je pleure de joie, et reconnois mon sang aux choses que tu viens de faire.

M. DE SOTENVILLE.

Mon gendre, que vous devez être ravi! et que cette aventure est pour vous pleine de douceurs!

Vous aviez un juste sujet de vous alarmer; mais vos soupçons se trouvent dissipés le plus avantageusement du monde.

MADAME DE SOTENVILLE.

Sans doute, notre gendre, et vous devez maintenant être le plus content des hommes

CLAUDINE.

Assurément. Voilà une femme, celle-là! vous êtes trop heureux de l'avoir, et vous devriez baiser les pas où elle passe.

GEORGE DANDIN, *à part.*

Hé! traîtresse!

M. DE SOTENVILLE.

Qu'est-ce, mon gendre? Que ne remerciez-vous un peu votre femme de l'amitié que vous voyez qu'elle montre pour vous?

ANGÉLIQUE.

Non, non, mon père, il n'est pas nécessaire: il ne m'a aucune obligation de ce qu'il vient de voir, et tout ce que j'en fais n'est que pour l'amour de moi-même.

M. DE SOTENVILLE.

Où allez-vous, ma fille?

ANGÉLIQUE.

Je me retire, mon père, pour ne me voir point obligée à recevoir ses compliments.

CLAUDINE, *à George Dandin.*

Elle a raison d'être en colère. C'est une femme

qui mérite d'être adorée et vous ne le traitez pas comme vous devriez.

GEORGE DANDIN, à part.

Scélérat !

SCÈNE XII.

M. DE SOTENVILLE, Mme DE SOTENVILLE, GEORGE DANDIN.

M. DE SOTENVILLE.

C'est un petit ressentiment de l'affaire de tantôt, et cela se passera avec un peu de caresses que vous lui ferez. Adieu, mon gendre ; vous voilà en état de ne vous plus inquiéter. Allez-vous-en faire la paix ensemble, et tâchez de l'apaiser par des excuses de votre emportement.

MADAME DE SOTENVILLE.

Vous devez considérer que c'est une jeune fille élevée à la vertu, et qui n'est point accoutumée à se voir soupçonner d'une vilaine action. Adieu. Je suis ravie de voir vos désordres finis, et des transports de joie que vous doit donner sa conduite.

SCÈNE XIII.

GEORGE DANDIN.

Je ne dis mot, car je ne gagnerois rien à parler : et jamais il ne s'est rien vu d'égal à ma disgrâce. Oui, j'admire mon malheur, et la subtile adresse de ma carogne de femme pour se donner toujours

raison et me faire avoir tort. Est-il possible que toujours j'aurai du dessous avec elle, que les apparences
toujours tourneront contre moi, et que je ne par-
viendrai point à convaincre mon effrontée ? O ciel,
seconde mes desseins, et m'accorde la grâce de faire
voir aux gens que l'on me déshonore !

FIN DU SECOND ACTE.

ACTE TROISIÈME.

SCÈNE I.

CLITANDRE, LUBIN.

CLITANDRE.

La nuit est avancée, et j'ai peur qu'il ne soit trop tard. Je ne vois point à me conduire. Lubin.

LUBIN.

Monsieur ?

CLITANDRE.

Est-ce par ici ?

LUBIN.

Je pense que oui. Morgué ! voilà une sotte nuit, d'être si noire que cela !

CLITANDRE.

Elle a tort assurément ; mais, si d'un côté elle nous empêche de voir, elle empêche de l'autre que nous ne soyons vus.

LUBIN.

Vous avez raison, elle n'a pas tant de tort. Je voudrois bien savoir, monsieur, vous qui êtes savant, pourquoi il ne fait point jour la nuit.

CLITANDRE.

C'est une grande question, et qui est difficile. Tu es curieux, Lubin.

LUBIN.

Oui. Si j'avois étudié, j'aurois été songer à des choses où on n'a jamais songe.

CLITANDRE.

Je le crois. Tu as la mine d'avoir l'esprit subtil et pénétrant.

LUBIN.

Cela est vrai. Tenez, j'explique du latin, quoique jamais je ne l'aie appris ; et voyant l'autre jour écrit sur une grande porte, *collegium,* je devinai que cela vouloit dire collège.

CLITANDRE.

Cela est admirable. Tu sais donc lire, Lubin ?

LUBIN.

Oui, je sais lire la lettre moulée, mais je n'ai jamais su apprendre à lire l'écriture.

CLITANDRE.

Nous voici contre la maison. (*après avoir frappé dans ses mains.*) C'est le signal que m'a donné Claudine.

LUBIN.

Par ma foi, c'est une fille qui vaut de l'argent, et je l'aime de tout mon cœur.

CLITANDRE.

Aussi t'ai-je amené avec moi pour l'entretenir.

LUBIN.

Monsieur, je vous suis...

CLITANDRE.

Chut. J'entends quelque bruit.

SCENE II.

ANGÉLIQUE, CLAUDINE, CLITANDRE, LUBIN.

ANGÉLIQUE.

CLAUDINE.

CLAUDINE.

Hé bien ?

ANGÉLIQUE.

Laisse la porte entr'ouverte.

CLAUDINE.

Voilà qui est fait.

(Scène de nuit. Les acteurs se cherchent les uns les
autres dans l'obscurité.)

CLITANDRE, *à Lubin.*

Ce sont elles. St.

ANGÉLIQUE.

St.

LUBIN.

St.

CLAUDINE.

St.

CLITANDRE, *à Claudine, qu'il prend pour Angélique.*

Madame.

ANGÉLIQUE, *à Lubin, qu'elle prend pour Clitandre.*

Quoi?

LUBIN, *à Angélique qu'il prend pour Claudine.*

Claudine.

CLAUDINE, *à Clitandre, qu'elle prend pour Lubin.*

Qu'est-ce ?

CLITANDRE, *à Claudine, croyant parler à Angélique.*

Ah ! madame, que j'ai de joie !

LUBIN, *à Angélique, croyant parler à Claudine.*

Claudine ! ma pauvre Claudine !

CLAUDINE, *à Clitandre.*

Doucement, monsieur.

ANGÉLIQUE, *à Lubin.*

Tout beau, Lubin.

CLITANDRE.

Est-ce toi, Claudine ?

CLAUDINE.

Oui.

LUBIN.

Est-ce vous, madame ?

ANGÉLIQUE.

Oui.

CLAUDINE, *à Clitandre.*

Vous avez pris l'une pour l'autre.

LUBIN, *à Angélique.*

Ma foi, la nuit on n'y voit goutte.

ANGÉLIQUE.

Est-ce pas vous, Clitandre ?

CLITANDRE.

Oui, madame.

ANGÉLIQUE.

Mon mari ronfle comme il faut, et j'ai pris ce temps pour nous entretenir ici.

CLITANDRE.

Cherchons quelque lieu pour nous asseoir.

CLAUDINE.

C'est fort bien avisé.

(Angélique, Clitandre et Claudine vont s'asseoir dans le
fond du théâtre.)

LUBIN, cherchant Claudine.

Claudine, où est-ce que tu es ?

SCÈNE III.

ANGÉLIQUE, CLITANDRE et CLAUDINE,
assis au fond du théâtre; GEORGE DANDIN,
à moitié déshabillé; LUBIN.

GEORGE DANDIN, à part.

J'ai entendu descendre ma femme, et je me suis vite habillé pour descendre après elle. Où peut-elle être allée ? Seroit-elle sortie ?

LUBIN, cherchant Claudine.

Où es-tu donc, Claudine ? (prenant George Dandin pour Claudine.) Ah! te voilà. Par ma foi, ton maître est plaisamment attrapé, et je trouve ceci aussi drôle que les coups de bâton de tantôt, dont on m'a fait récit. Ta maîtresse dit qu'il ronfle à cette heure comme tous les diantres; et il ne sait pas que monsieur le vicomte et elle sont ensemble pendant qu'il dort. Je voudrois bien savoir

quel songe il fait maintenant. Cela est tout-à-fait
risible. De quoi s'avise-t-il aussi d'être jaloux de
sa femme, et de vouloir qu'elle soit à lui tout
seul? C'est un impertinent, et monsieur le vicomte
lui fait trop d'honneur. Tu ne dis mot, Claudine!
Allons, suivons-les, et me donne ta petite menotte,
que je la baise. Ah! que cela est doux, il me semble
que je mange des confitures.

*(à George Dandin qu'il prend toujours pour Clau-
dine, et qui le repousse rudement.)*

Tubleu! comme vous y allez! Voilà une petite
menotte qui est un peu bien rude.

GEORGE DANDIN.

Qui va là?

LUBI

Personne.

GEORGE DANDIN.

Il fuit, et me laisse informé de la nouvelle per-
fidie de ma coquine. Allons, il faut que, sans
tarder, j'envoie appeler son père et sa mère, et
que cette aventure me serve à me faire séparer
d'elle. Holà! Colin, Colin!

SCÈNE IV.

ANGÉLIQUE et CLITANDRE avec CLAUDINE
et LUBIN, *assis au fond du théâtre*; GEORGE
DANDIN, COLIN.

COLIN, *à la fenêtre.*

Monsieur,

GEORGE DANDIN.

Allons, vite, ici bas.

COLIN, *sautant par la fenêtre.*

M'y voilà, on ne peut pas plus vite.

GEORGE DANDIN.

Tu es là ?

COLIN.

Oui, monsieur.

(Pendant que George Dandin va chercher Colin du côté où il a entendu sa voix, Colin passe de l'autre, et s'endort.)

GEORGE DANDIN, *se tournant du côté où il croit qu'est Colin.*

Doucement, parle bas. Ecoute. Va-t'en chez mon beau-père et ma belle-mère, et leur dis que je les prie très-instamment de venir tout à l'heure ici. Entends-tu ? Hé ! Colin, Colin !

COLIN, *de l'autre côté, se réveillant.*

Monsieur ?

GEORGE DANDIN.

Où diable es-tu ?

COLIN.

Ici.

GEORGE DANDIN.

Peste soit du maroufle qui s'éloigne de moi !

(Pendant que George Dandin retourne du côté où il croit que Colin est rentré, Colin, à moitié endormi, passe de l'autre côté, et se rendort.)

Je te dis que tu ailles de ce pas trouver mon beau-père et ma belle-mère, et leur dire que je les conjure

de se rendre ici tout à l'heure. M'entends-tu bien ?
Réponds. Colin, Colin !...

COLIN, *de l'autre côté, se réveillant.*

Monsieur ?

GEORGE DANDIN.

Voilà un pendard qui me fera enrager. Viens-t'en
à moi.

(*Ils se rencontrent, et tombent tous deux.*)

Ah ! le traître ! il m'a estropié. Où est-ce que tu es.
Approche, que je te donne mille coups. Je pense qu'il
me fuit.

COLIN.

Assurément.

GEORGE DANDIN.

Veux-tu venir ?

COLIN.

Nenni, ma foi.

GEORGE DANDIN.

Viens, te dis-je.

COLIN.

Point, vous me voulez battre.

GEORGE DANDIN.

Hé bien ! non. Je ne te ferai rien.

COLIN.

Assurément ?

GEORGE DANDIN.

Oui. Approche. Bon. (*à Colin, qu'il tient par le
bras.*) Tu es bien heureux de ce que j'ai besoin de

toi. Va-t'en vite, de ma part, prier mon beau-père
et ma belle-mère de se rendre ici le plus tôt qu'ils
pourront, et leur dis que c'est pour une affaire de
la dernière conséquence; et, s'ils faisoient quelque
difficulté à cause de l'heure, ne manque pas de
les presser, et de leur bien faire entendre qu'il est
très important qu'ils viennent, en quelque état
qu'ils soient. Tu m'entends bien maintenant?

COLIN.

Oui, monsieur.

GEORGE DANDIN.

Va vite, et reviens de même. (*se croyant seul.*)
Et moi, je vais rentrer dans ma maison, attendant
que... ... Mais j'entends quelqu'un. Ne seroit-ce
point ma femme? Il faut que j'écoute, et me serve
de l'obscurité qu'il fait.

(George Dandin se range près la porte de sa maison.)

SCÈNE V.

ANGÉLIQUE, CLITANDRE, CLAUDINE, LUBIN, GEORGE DANDIN.

ANGÉLIQUE, à Clitandre.

Adieu, il est temps de se retirer.

CLITANDRE.

Quoi! sitôt?

ANGÉLIQUE.

Nous nous sommes assez entretenus.

CLITANDRE.

Ah! madame, puis-je assez vous entretenir, et

trouver, en si peu de temps, toutes les paroles dont j'ai besoin ? Il me faudroit des journées entières pour me bien expliquer à vous de tout ce que je sens ; et je ne vous ai pas dit encore la moindre partie de ce que j'ai à vous dire.

ANGÉLIQUE.

Nous en écouterons une autre fois davantage.

CLITANDRE.

Hélas ! de quel coup me percez-vous l'ame, lorsque vous parlez de vous retirer ! et avec combien de chagrins m'allez-vous laisser maintenant !

ANGÉLIQUE.

Nous trouverons moyen de nous revoir.

CLITANDRE.

Oui ; mais je songe qu'en me quittant vous allez trouver un mari. Cette pensée m'assassine, et les privilèges qu'ont les maris sont des choses cruelles pour un amant qui aime bien.

ANGÉLIQUE.

Serez-vous assez foible pour avoir cette inquiétude ? et pensez-vous qu'on soit capable d'aimer de certains maris qu'il y a ? On les prend parce-qu'on ne s'en peut défendre, et que l'on dépend de parents qui n'ont des yeux que pour le bien ; mais on sait leur rendre justice, et l'on se moque fort de les considérer au-delà de ce qu'ils méritent.

GEORGE DANDIN, *à part.*

Voilà nos carognes de femmes !

CLITANDRE.

Ah ! qu'il faut avouer que celui qu'on vous a

donné étoit peu digne de l'honneur qu'il a reçut et c'est une étrange chose que l'assemblage qu'on a fait d'une personne comme vous avec un homme comme lui !

GEORGE DANDIN , a part.

Pauvres maris , voilà comme on vous traite !

CLITANDRE.

Vous méritez , sans doute , une toute autre destinée, et le ciel ne vous a point faite pour être la femme d'un paysan.

GEORGE DANDIN.

Plût au ciel fût—elle la tienne ! tu changerois bien de langage. Rentrons, c'en est assez.
(George Dandin, étant entré, ferme la porte en dedans.)

<h1 align="center">SCÈNE VI.</h1>

ANGÉLIQUE , CLITANDRE, CLAUDINE, LUBIN.

CLAUDINE.

MADAME, si vous avez à dire du mal de votre mari , dépêchez vite , car il est tard.

CLITANDRE.

Ah ! Claudine , que tu es cruelle !

ANGÉLIQUE, à Clitandre.

Elle a raison, séparons-nous.

CLITANDRE.

Il faut donc s'y résoudre, puisque vous le voulez ;
mais au moins je vous conjure de me plaindre un
peu des méchants moments que je vais passer.

ANGÉLIQUE.

Adieu.

LUBIN.

Où es-tu, Claudine ? que je te donne le bon soir.

CLAUDINE.

Va, va, je le reçois de loin, et je t'en renvoie autant.

SCÈNE VII.

ANGÉLIQUE, CLAUDINE.

ANGÉLIQUE.

Rentrons sans faire de bruit.

CLAUDINE.

La porte s'est fermée.

ANGÉLIQUE.

J'ai le passe-par-tout.

CLAUDINE.

Ouvrez donc doucement.

ANGÉLIQUE.

On a fermé en dedans ; et je ne sais comment nous
ferons.

CLAUDINE.

Appelez le garçon qui couche là.

ANGÉLIQUE.

Colin ! Colin ! Colin !

SCÈNE VIII.

GEORGE DANDIN, ANGÉLIQUE, CLAUDINE.

GEORGE DANDIN, *à la fenêtre.*

Colin! Colin! Ah! je vous y prends donc, madame ma femme; et vous faites des *escampativos* pendant que je dors! Je suis bien aise de cela, et de vous voir dehors à l'heure qu'il est.

ANGÉLIQUE.

Hé bien! quel grand mal est-ce qu'il y a à prendre le frais de la nuit?

GEORGE DANDIN.

Oui, oui, l'heure est bonne à prendre le frais. C'est bien plutôt le chaud, madame la coquine; et nous savons toute l'intrigue du rendez-vous et du damoiseau. Nous avons entendu votre galant entretien, et les beaux vers à ma louange que vous avez dits l'un et l'autre. Mais ma consolation, c'est que je vais être vengé; et que votre père et votre mère seront convaincus maintenant de la justice de mes plaintes, et du dérèglement de votre conduite. Je les ai envoyé querir, et ils vont être ici dans un moment.

ANGÉLIQUE, *à part.*

Ah ciel!

CLAUDINE.

Madame!

GEORGE DANDIN.

Voilà un coup sans doute où vous ne vous attendiez pas. C'est maintenant que je triomphe, et j'ai de quoi mettre à bas votre orgueil et détruire vos artifices. Jusqu'ici vous avez joué mes accusations, ébloui vos parents, et plâtré vos malversations. J'ai eu beau voir et beau dire, votre adresse toujours l'a emporté sur mon bon droit, et toujours vous avez trouvé moyen d'avoir raison; mais à cette fois, dieu merci, les choses vont être éclaircies, et votre effronterie sera pleinement confondue.

ANGÉLIQUE.

Hé! je vous prie, faites-moi ouvrir la porte.

GEORGE DANDIN.

Non, non; il faut attendre la venue de ceux que j'ai mandés, et je veux qu'ils vous trouvent dehors à la belle heure qu'il est. En attendant qu'ils viennent, songez, si vous voulez, à chercher dans votre tête quelque nouveau détour pour vous tirer de cette affaire; à inventer quelque moyen de rhabiller votre escapade; à trouver quelque belle ruse pour éluder ici les gens et paroître innocente; quelque prétexte spécieux de pélerinage nocturne, ou d'amie en travail d'enfant que vous veniez de secourir.

ANGÉLIQUE.

Non, mon intention n'est pas de vous rien déguiser. Je ne prétends point me défendre, ni vous nier les choses, puisque vous les savez.

GEORGE DANDIN.

C'est que vous voyez bien que tous les moyens

10.

vous en sont fermés, et que dans cette affaire vous
ne sauriez inventer d'excuse qu'il ne me soit facile
de convaincre de fausseté.

ANGÉLIQUE.

Oui, je confesse que j'ai tort, et que vous avez
sujet de vous plaindre; mais je vous demande par
grace de ne m'exposer point maintenant à la mauvaise humeur de mes parents, et de me faire promptement ouvrir.

GEORGE DANDIN.

Je vous baise les mains.

ANGÉLIQUE.

Hé! mon pauvre petit mari, je vous en conjure.

GEORGE DANDIN.

Ah! mon pauvre petit mari? Je suis votre petit
mari maintenant parceque vous vous sentez prise.
Je suis bien aise de cela; et vous ne vous étiez jamais avisée de me dire de ces douceurs.

ANGÉLIQUE.

Tenez, je vous promets de ne vous plus donner
aucun sujet de déplaisir, et de me...

GEORGE DANDIN.

Tout cela n'est rien. Je ne veux point perdre
cette aventure, et il m'importe qu'on soit une fois
éclairci à fond de vos déportements.

ANGÉLIQUE.

De grace, laissez-moi vous dire. Je vous demande un moment d'audience.

GEORGE DANDIN.

Hé bien? quoi?

ANGÉLIQUE.

Il est vrai que j'ai failli, je vous l'avoue encore
une fois, et que votre ressentiment est juste; que
j'ai pris le temps de sortir pendant que vous dor-
miez, et que cette sortie est un rendez-vous que
j'avois donné à la personne que vous dites : mais
enfin ce sont des actions que vous devez pardonner à mon âge, des emportements de jeune personne qui n'a encore rien vu, et ne fait que d'entrer
au monde; des libertés où l'on s'abandonne sans y
penser de mal, et qui, sans doute, dans le fond
n'ont rien de....

GEORGE DANDIN.

Oui, vous le dites, et ce sont de ces choses qui
ont besoin qu'on les croie pieusement.

ANGÉLIQUE.

Je ne veux point m'excuser par-là d'être coupable envers vous; et je vous prie seulement d'ou
blier une offense dont je vous demande pardon de
tout mon cœur, et de m'épargner en cette rencontre
le déplaisir que me pourroient causer les reproches
fâcheux de mon père et de ma mère. Si vous m'ac-
cordez généreusement la grace que je vous demande, ce procédé obligeant, cette bonté que vous
me ferez voir me gagnera entièrement; elle touchera
tout-à-fait mon cœur, et y fera naître pour vous ce
que tout le pouvoir de mes parents et les liens du
mariage n'avoient pu y jeter; en un mot, elle sera
cause que je renoncerai à toutes les galanteries, et
n'aurai de l'attachement que pour vous. Oui, je

vous donne ma parole que vous m'allez voir désormais la meilleure femme du monde, et que je
vous témoignerai tant d'amitié, tant d'amitié, que
vous en serez satisfait.

GEORGE DANDIN.

Ah ! crocodile qui flatte les gens pour les
étrangler !

ANGÉLIQUE.

Accordez-moi cette faveur.

GEORGE DANDIN.

Point d'affaire, je suis inexorable.

ANGÉLIQUE.

Montrez-vous généreux.

GEORGE DANDIN.

Non.

ANGÉLIQUE.

De grace.

GEORGE DANDIN.

Point.

ANGÉLIQUE.

Je vous en conjure de tout mon cœur.

GEORGE DANDIN.

Non, non, non. Je veux qu'on soit détrompé
de vous, et que votre confusion éclate.

ANGÉLIQUE.

Hé bien ! si vous me réduisez au désespoir, je
vous avertis qu'une femme en cet état est capable
de tout, et que je ferai quelque chose ici dont vous
vous repentirez.

GEORGE DANDIN.

Et que ferez-vous, s'il vous plaît?

ANGÉLIQUE.

Mon cœur se portera jusqu'aux extrêmes résolutions, et, de ce couteau que voici, je me tuerai
sur la place.

GEORGE DANDIN.

Ah! ah! à la bonne heure.

ANGÉLIQUE.

Pas tant à la bonne heure pour vous que vous
vous imaginez. On sait de tous côtés nos différents
et les chagrins perpétuels que vous concevez contre
moi. Lorsqu'on me trouvera morte, il n'y aura
personne qui mette en doute que ce ne soit vous
qui m'aurez tuée; et mes parents ne sont pas gens
assurément à laisser cette mort impunie, et ils en
feront sur votre personne toute la punition que
leur pourront offrir et les poursuites de la justice
et la chaleur de leur ressentiment. C'est par-là que
je trouverai moyen de me venger de vous; et je ne
suis pas la première qui ait su recourir à de pareilles
vengeances, qui n'ait pas fait difficulté de se donner la mort pour perdre ceux qui ont la cruauté de
nous pousser à la dernière extrémité.

GEORGE DANDIN.

Je suis votre valet. On ne s'avise plus de se
tuer soi-même; et la mode en est passée il y a
long-temps.

ANGÉLIQUE.

C'est une chose dont vous pouvez vous tenir

sûr; et, si vous persistez dans votre refus, si vous ne me faites ouvrir, je vous jure que tout à l'heure je vais vous faire voir jusqu'où peut aller la résolution d'une personne qu'on met au désespoir.

GEORGE DANDIN.

Bagatelles! bagatelles! c'est pour me faire peur.

ANGÉLIQUE.

Hé bien! puisqu'il le faut, voici qui nous contentera tous deux, et montrera si je me moque. (*après avoir fait semblant de se tuer.*)—Ah! c'en est fait! fasse le ciel que ma mort soit vengée comme je le souhaite, et que celui qui en est cause reçoive un juste châtiment de la dureté qu'il a eue pour moi!

GEORGE DANDIN.

Ouais! seroit-elle bien si malicieuse que de s'être tuée pour me faire pendre? Prenons un bout de chandelle pour aller voir.

SCÈNE IX.

ANGÉLIQUE, CLAUDINE.

ANGÉLIQUE, *à Claudine.*

St! Paix! Rangeons-nous chacune immédiatement contre un des côtés de la porte.

SCÈNE X.

ANGÉLIQUE ET **CLAUDINE**, *entrant dans la maison au moment que George Dandin en sort, et fermant la porte en dedans; GEORGE DANDIN, une chandelle à la main.*

GEORGE DANDIN.

LA méchanceté d'une femme iroit-elle bien jusque-là? (*seul, après avoir regardé par-tout.*) Il n'y a personne. Hé! je m'en étois bien douté; et la pendarde s'est retirée, voyant qu'elle ne gagnoit rien après moi, ni par prières, ni par ménaces. Tant mieux, cela rendra ses affaires encore plus mauvaises; et le père et la mère, qui vont venir, en verront mieux son crime. (*après avoir été à la porte de sa maison pour rentrer.*) Ah! ah! la porte s'est fermée! Holà! oh! quelqu'un! qu'on m'ouvre promptement.

SCÈNE XI.

ANGÉLIQUE ET **CLAUDINE**, *à la fenêtre;* **GEORGE DANDIN.**

ANGÉLIQUE.

COMMENT! c'est toi! D'où viens-tu, bon pendard? Est-il l'heure de revenir chez soi, quand le jour est près de paroître? et cette manière de vie est-elle celle que doit suivre un honnête mari?

CLAUDINE.

Cela est-il beau d'aller ivrogner toute la nuit?

et de laisser ainsi toute seule une pauvre jeune femme dans la maison ?

GEORGE DANDIN.

Comment! vous avez....

ANGÉLIQUE.

Va, va, traître, je suis lasse de tes déportements, et je m'en veux plaindre sans plus tarder à mon père et à ma mère.

GEORGE DANDIN.

Quoi ! c'est ainsi que vous osez...

SCÈNE XII.

M. DE SOTENVILLE et Mme DE SOTENVILLE, *en déshabillé de nuit;* COLIN, *portant une lanterne;* ANGÉLIQUE et CLAUDINE *à la fenêtre;* GEORGE DANDIN.

ANGÉLIQUE, *à M. et à madame de Sotenville.*

Approchez, de grace; et venez me faire raison de l'insolence la plus grande du monde, d'un mari à qui le vin et la jalousie ont troublé de telle sorte la cervelle, qu'il ne sait plus ni ce qu'il dit ni ce qu'il fait, et vous a lui-même envoyé querir pour vous faire témoins de l'extravagance la plus étrange dont on ait jamais ouï parler. Le voilà qui revient, comme vous voyez, après s'être fait attendre toute la nuit : et, si vous voulez l'écouter, il vous dira qu'il a les plus grandes plaintes du

monde à vous faire de moi ; que, durant qu'il
dormoit, je me suis dérobée d'auprès de lui pour
m'en aller courir, et cent autres contes de même
nature qu'il est allé rêver.

GEORGE DANDIN, *à part.*

Voilà une méchante carogne !

CLAUDINE.

Oui, il nous a voulu faire accroire qu'il étoit
dans la maison, et que nous en étions dehors ; et
c'est une folie qu'il n'y a pas moyen de lui ôter de
la tête.

M. DE SOTENVILLE.

Comment ! qu'est-ce à dire cela ?

MADAME DE SOTENVILLE.

Voilà une furieuse impudence que de nous
envoyer querir !

GEORGE DANDIN.

Jamais...

ANGÉLIQUE.

Non, mon père, je ne puis plus souffrir un mari
de la sorte ; ma patience est poussée à bout : et il
vient de me dire cent paroles injurieuses.

M. DE SOTENVILLE, *à George Dandin.*

Corbleu ! vous êtes un malhonnête homme !

CLAUDINE.

C'est une conscience de voir une pauvre jeune
femme traitée de la façon ; et cela crie vengeance
au ciel.

GEORGE DANDIN.

Peut-on...?

MOLIÈRE. IV.   11

M. DE SOTENVILLE.

Allez, vous devriez mourir de honte

GEORGE DANDIN.

Laissez-moi vous dire deux mots.

ANGÉLIQUE.

Vous n'avez qu'à l'écouter, il va vous en conter de belles.

GEORGE DANDIN, *à part.*

Je désespère.

CLAUDINE.

Il a tant bu, que je ne pense pas qu'on puisse durer contre lui, et l'odeur du vin qu'il souffle est montée jusqu'à nous.

GEORGE DANDIN.

Monsieur mon beau-père, je vous conjure...

M. DE SOTENVILLE.

Retirez-vous, vous puez le vin à pleine bouche.

GEORGE DANDIN.

Madame, je vous prie...

MADAME DE SOTENVILLE.

Fi ! ne m'approchez pas, votre haleine est empestée.

GEORGE DANDIN, *à M. de Sotenville.*

Souffrez que je vous...

M. DE SOTENVILLE.

Retirez-vous, vous dis-je : on ne peut vous souffrir.

GEORGE DANDIN, *à madame de Sotenville.*

Permettez, de grace, que...

MADAME DE SOTENVILLE.

Pouah ! vous m'engloutissez le cœur. Parlez de loin, si vous voulez.

GEORGE DANDIN.

Hé bien ! oui, je parle de loin. Je vous jure que je n'ai bougé de chez moi, et que c'est elle qui est sortie.

ANGÉLIQUE.

Ne voilà pas ce que je vous ai dit ?

CLAUDINE.

Vous voyez quelle apparence il y a.

M. DE SOTENVILLE, *à George Dandin.*

Allez, vous vous moquez des gens. Descendez, ma fille, et venez ici.

SCÈNE XIII.

M. DE SOTENVILLE, Mme DE SOTENVILLE, GEORGE DANDIN, COLIN.

GEORGE DANDIN.

J'ATTESTE le ciel que j'étois dans la maison, et que...

M. DE SOTENVILLE.

Taisez-vous, c'est une extravagance qui n'est pas supportable.

GEORGE DANDIN.

Que la foudre m'écrase tout à l'heure, si.

M. DE SOTENVILLE.

Ne nous rompez pas davantage la tête, et songez à demander pardon à votre femme.

GEORGE DANDIN.

Moi ! demander pardon ?

M. DE SOTENVILLE.

Oui, pardon, et sur-le-champ.

GEORGE DANDIN.

Quoi ! je...

M. DE SOTENVILLE.

Corbleu ! si vous me répliquez, je vous apprendrai ce que c'est que de vous jouer à nous.

GEORGE DANDIN.

Ah ! George Dandin !

SCÈNE XIV.

M. DE SOTENVILLE, Mme DE SOTENVILLE, ANGÉLIQUE, GEORGE DANDIN, CLAUDINE, COLIN.

M. DE SOTENVILLE.

Allons, venez, ma fille, que votre mari vous demande pardon.

ANGÉLIQUE.

Moi ! lui pardonner tout ce qu'il m'a dit ? Non, non, mon père, il m'est impossible de m'y résoudre ; et je vous prie de me séparer d'un mari avec lequel je ne saurois plus vivre.

CLAUDINE.

Le moyen d'y résister !

M. DE SOTENVILLE.

Ma fille, de semblables séparations ne se font point sans grand scandale ; et vous devez vous

montrer plus sage que lui, et patienter encore
cette fois.

ANGÉLIQUE.

Comment! patienter, après de telles indignités?
Non, mon père, c'est une chose où je ne puis
consentir.

M. DE SOTENVILLE.

Il le faut, ma fille; et c'est moi qui vous le
commande.

ANGÉLIQUE.

Ce mot me ferme la bouche, et vous avez sur
moi une puissance absolue.

CLAUDINE.

Quelle douceur!

ANGÉLIQUE.

Il est fâcheux d'être contrainte d'oublier de
telles injures; mais, quelque violence que je me
fasse, c'est à moi de vous-obéir.

CLAUDINE.

Pauvre mouton!

M. DE SOTENVILLE, à *Angélique.*

Approchez.

ANGÉLIQUE.

Tout ce que vous me faites faire ne servira de
rien; et vous verrez que ce sera dès demain à re-
commencer.

M. DE SOTENVILLE.

Nous y donnerons ordre. (*à George Dandin.*)
Allons, mettez-vous à genoux.

GEORGE DANDIN.

A genoux ?

M. DE SOTENVILLE.

Oui ; à genoux, et sans tarder.

GEORGE DANDIN, *à genoux, une chandelle à la main.*

(à part.) (à M. de Sotenville.)

O ciel ! Que faut-il dire ?

M. DE SOTENVILLE.

Madame, je vous prie de me pardonner...

GEORGE DANDIN.

Madame, je vous prie de me pardonner...

M. DE SOTENVILLE.

L'extravagance que j'ai faite...

GEORGE DANDIN.

L'extravagance que j'ai faite... *(à part.)* de vous épouser.

M. DE SOTENVILLE.

Et je vous promets de mieux vivre à l'avenir.

GEORGE DANDIN.

Et je vous promets de mieux vivre à l'avenir.

M. DE SOTENVILLE, *à George Dandin.*

Prenez-y garde, et sachez que c'est ici la dernière de vos impertinences que nous souffrirons.

MADAME DE SOTENVILLE.

Jour de dieu ! si vous y retournez, on vous apprendra le respect que vous devez à votre femme, et à ceux de qui elle sort.

M. DE SOTENVILLE.

Voilà le jour qui va paroître. Adieu.

(*à George Dandin.*)
Rentrez chez vous, et songez bien à être sage.
(*à madame de Sotenville.*)
Et nous, m'amour, allons nous mettre au lit.

SCÈNE XV

GEORGE DANDIN.

AH! je le quitte maintenant, et je n'y vois plus
de remède. Lorsqu'on a, comme moi, épousé une
méchante femme, le meilleur parti qu'on puisse
prendre, c'est de s'aller jeter dans l'eau la tête la
première.

FIN DE LA COMÉDIE.

L'AVARE

COMÉDIE EN CINQ ACTES,

Représentée sur le théâtre du Palais-Royal,
le 9 septembre 1668.

PERSONNAGES.

HARPAGON, père de Cléante et d'Élise ; et amoureux de Mariane.

ANSELME, père de Valère et de Mariane.

CLÉANTE, fils d'Harpagon, amant de Mariane.

ÉLISE, fille d'Harpagon.

VALÈRE, fils d'Anselme, et amant d'Élise.

MARIANE, fille d'Anselme.

FROSINE, femme d'intrigue.

MAITRE SIMON, courtier.

MAITRE JACQUES, cuisinier et cocher d'Harpagon.

LA FLÈCHE, valet de Cléante.

DAME CLAUDE, servante d'Harpagon.

BRINDAVOINE, }
LA MERLUCHE, } laquais d'Harpagon.

UN COMMISSAIRE.

La scène est à Paris, dans la maison d'Harpagon.

L'AVARE

ACTE PREMIER.

SCÈNE I.

VALÈRE, ÉLISE.

VALÈRE.

Hé quoi! charmante Élise, vous devenez mélan-
colique, après les obligeantes assurances que vous
ayez eu la bonté de me donner de votre foi! je
vous vois soupirer, hélas! au milieu de ma joie!
Est-ce du regret, dites-moi, de m'avoir fait heureux? et vous repentez-vous de cet engagement où
mes feux ont pu vous contraindre?

ÉLISE.

Non, Valère, je ne puis pas me repentir de tout
ce que je fais pour vous; je m'y sens entraîner par
une trop douce puissance : et je n'ai pas même la
force de souhaiter que les choses ne fussent pas.
Mais, à vous dire vrai, le succès me donne de
l'inquiétude; et je crains fort de vous aimer un
peu plus que je ne devrois.

VALÈRE.

Hé! que pouvez-vous craindre, Élise, dans les
bontés que vous avez pour moi?

ÉLISE.

Hélas! cent choses à la fois : l'emportement d'un
père, les reproches d'une famille, les censures du
monde, mais, plus que tout, Valère, le changement
de votre cœur, et cette froideur criminelle dont
ceux de votre sexe paient le plus souvent les témoignages trop ardents d'un innocent amour.

VALÈRE.

Ah! ne me faites pas ce tort de juger de moi par
les autres : soupçonnez-moi de tout, Élise, plutôt
que de manquer à ce que je vous dois. Je vous
aime trop pour cela ; et mon amour pour vous
durera autant que ma vie.

ÉLISE.

Ah! Valère, chacun tient les mêmes discours.
Tous les hommes sont semblables par les paroles,
et ce n'est que les actions qui les découvrent
différents.

VALÈRE.

Puisque les seules actions font connoître ce que
nous sommes, attendez donc, au moins, à juger
de mon cœur par elles ; et ne me cherchez point
des crimes dans les injustes craintes d'une fâcheuse prévoyance. Ne m'assassinez point, je vous
prie, par les sensibles coups d'un soupçon outra-
geux ; et donnez-moi le temps de vous convaincre,
par mille et mille preuves, de l'honnêteté de mes
feux.

ÉLISE.

Hélas! qu'avec facilité on se laisse persuader

par les personnes que l'on aime ! Oui, Valére, je tiens votre cœur incapable de m'abuser. Je crois que vous m'aimez d'un véritable amour, et que vous me serez fidéle ; je n'en veux point du tout douter, et je retranche mon chagrin aux appréhensions du blâme qu'on pourra me donner.

VALÈRE.

Mais pourquoi cette inquiétude ?

ÉLISE.

Je n'aurais rien à craindre si tout le monde vous voyait des yeux dont je vous vois ; et je trouve en votre personne de quoi avoir raison aux choses que je fais pour vous. Mon cœur, pour sa défense, a tout votre mérite, appuyé du secours d'une reconnaissance où le ciel m'engage envers vous. Je me représente, à toute heure, ce péril étonnant qui commença de nous offrir aux regards l'un de l'autre, cette générosité surprenante qui vous fit risquer votre vie pour dérober la mienne à la fureur des ondes, ces soins pleins de tendresse que vous me fîtes éclater après m'avoir tirée de l'eau, et les hommages assidus de cet ardent amour que ni le temps ni les difficultés n'ont rebuté, et qui, vous faisant négliger et parents et patrie, arrête vos pas en ces lieux, y tient en ma faveur votre fortune déguisée, et vous a réduit, pour me voir, à vous revêtir de l'emploi de domestique de mon père. Tout cela fait chez moi, sans doute, un merveilleux effet ; c'est assez, à mes yeux, pour justifier l'engagement où j'ai consenti :

mais ce n'est pas assez, peut-être, pour le justifier aux autres, et je ne suis pas sûre qu'on entre dans mes sentiments.

VALÈRE.

De tout ce que vous avez dit, ce n'est que par mon seul amour que je prétends, auprès de vous, mériter quelque chose : et, quant aux scrupules que vous avez, votre père lui-même ne prend que trop de soin de vous justifier à tout le monde ; et l'excès de son avarice, et la manière austère dont il vit avec ses enfants, pourroient autoriser des choses plus étranges. Pardonnez-moi, charmante Élise, si j'en parle ainsi devant vous. Vous savez que, sur ce chapitre, on n'en peut pas dire de bien. Mais enfin si je puis, comme je l'espère, retrouver mes parents, nous n'aurons pas beaucoup de peine à nous le rendre favorable. J'en attends des nouvelles avec impatience ; et j'en irai chercher moi-même si elles tardent à venir.

ÉLISE.

Ah ! Valère, ne bougez d'ici, je vous prie, et songez seulement à vous bien mettre dans l'esprit de mon père.

VALÈRE.

Vous voyez comme je m'y prends, et les adroites complaisances qu'il m'a fallu mettre en usage pour m'introduire à son service, sous quel masque de sympathie et de rapports de sentiments je me déguise pour lui plaire, et quel personnage je joue tous les jours avec lui afin d'acquérir sa tendresse.

J'y fais des progrès admirables; et j'éprouve que, pour gagner les hommes, il n'est point de meilleure voie que de se parer à leurs yeux de leurs inclinations, que de donner dans leurs maximes, encenser leurs défauts, et applaudir à ce qu'ils font. On n'a que faire d'avoir peur de trop charger la complaisance; et la manière dont on les joue a beau être visible, les plus fins sont toujours de grandes dupes du côté de la flatterie; et il n'y a rien de si impertinent et de si ridicule qu'on ne fasse avaler, lorsqu'on l'assaisonne en louanges. La sincérité souffre un peu au métier que je fais : mais quand on a besoin des hommes, il faut bien s'ajuster à eux; et puisqu'on ne sauroit les gagner que par-là, ce n'est pas la faute de ceux qui flattent, mais de ceux qui veulent être flattés.

ÉLISE.

Mais que ne tâchez-vous aussi à gagner l'appui de mon frère, en cas que la servante s'avisât de révéler notre secret?

VALÈRE.

On ne peut pas ménager l'un et l'autre; et l'esprit du père et celui du fils sont des choses si opposées, qu'il est difficile d'accommoder ces deux confidences ensemble. Mais vous, de votre part, agissez auprès de votre frère, et servez-vous de l'amitié qui est entre vous deux, pour le jeter dans nos intérêts. Il vient. Je me retire. Prenez ce temps pour lui parler, et ne lui découvrez de notre affaire que ce que vous jugerez à propos.

ÉLISE.

Je ne sais si j'aurai la force de lui faire cette con‑
fidence.

SCENE II.

CLÉANTE, ÉLISE.

CLÉANTE.

Je suis bien aise de vous trouver seule, ma sœur, et je brûlais de vous parler, pour m'ouvrir à vous d'un secret.

ÉLISE.

Me voilà prête à vous ouïr, mon frère. Qu'avez‑vous à me dire ?

CLÉANTE.

Bien des choses, ma sœur, enveloppées dans un mot. J'aime.

ÉLISE.

Vous aimez ?

CLÉANTE.

Oui, j'aime. Mais avant que d'aller plus loin, je sais que je dépends d'un père, et que le nom de fils me soumet à ses volontés ; que nous ne devons point engager notre foi sans le consentement de ceux dont nous tenons le jour, que le ciel les a faits les maîtres de nos vœux, et qu'il nous est enjoint de n'en dispo‑ ser que par leur conduite ; que, n'étant prévenus d'aucune folle ardeur, ils sont en état de se tromper bien moins que nous, et de voir beaucoup mieux ce qui nous est propre : qu'il en faut plutôt croire les lumières de leur prudence que l'aveuglement de notre passion ; et que l'emportement de la jeunesse nous entraîne le plus souvent dans des précipices fâcheux. Je vous dis tout cela, ma sœur, afin que vous ne vous donniez pas la peine de me le dire ; car enfin mon amour ne veut rien écouter, et je vous prie de ne me point faire de remontrances.

ÉLISE.

Vous êtes-vous engagé, mon frère, avec celle que vous aimez ?

CLÉANTE.

Non ; mais j'y suis résolu : et je vous conjure, encore une fois, de ne me point apporter de raisons pour m'en dissuader.

ÉLISE.

Suis-je, mon frère, une si étrange personne ?

CLÉANTE.

Non, ma sœur ; mais vous n'aimez pas. Vous ignorez la douce violence qu'un tendre amour fait sur les cœurs, et j'appréhende votre sagesse.

ÉLISE.

Hélas ! mon frère, ne parlons point de ma sagesse. Il n'est personne qui n'en manque, du moins une fois en sa vie ; et, si je vous ouvre mon cœur, peut-être serai-je à vos yeux bien moins sage que vous.

CLÉANTE.

Ah ! plût au ciel que votre ame, comme la mienne....

ÉLISE.

Finissons auparavant votre affaire, et me dites
qui est celle que vous aimez.

CLÉANTE.

Une jeune personne qui loge depuis peu en ces
quartiers, et qui semble être faite pour donner de
l'amour à tous ceux qui la voient. La nature, ma
sœur, n'a rien formé de plus aimable; et je me sen-
tis transporté dès le moment que je la vis. Elle se
nomme Mariane, et vit sous la conduite d'une
bonne femme de mère qui est presque toujours
malade, et pour qui cette aimable fille a des sentiments d'amitié qui ne sont pas imaginables. Elle la
sert, la plaint, et la console, avec une tendresse qui
vous toucheroit l'ame. Elle se prend d'un air le plus
charmant du monde aux choses qu'elle fait; et
l'on voit briller mille graces en toutes ses actions,
une douceur pleine d'attraits, une bonté tout enga-
geante, une honnêteté adorable, une... Ah! ma
sœur, je voudrois que vous l'eussiez vue!

ÉLISE.

J'en vois beaucoup, mon frère, dans les choses
que vous me dites; et, pour comprendre ce qu'elle
est, il me suffit que vous l'aimez.

CLÉANTE.

J'ai découvert, sous main, qu'elles ne sont pas
fort accommodées, et que leur discrète conduite a de
la peine à étendre à tous leurs besoins le bien qu'elles
peuvent avoir. Figurez-vous, ma sœur, quelle joie
ce peut être que de relever la fortune d'une per-

sonne que l'on aime, que de donner adroitement
quelques petits secours aux modestes nécessités
d'une vertueuse famille; et concevez quel déplaisir ce m'est de voir que, par l'avarice d'un père, je
sois dans l'impuissance de goûter cette joie, et de
faire éclater à cette belle aucun témoignage de mon
amour.

ÉLISE.

Oui, je conçois assez, mon frère, quel doit être
votre chagrin.

CLÉANTE.

Ah! ma sœur, il est plus grand qu'on ne peut
croire. Car enfin peut-on rien voir de plus cruel
que cette rigoureuse épargne qu'on exerce sur nous,
que cette sécheresse étrange où l'on nous fait lan-
guir? Hé! que nous servira d'avoir du bien, s'il ne
nous vient que dans le temps que nous ne serons
plus dans le bel âge d'en jouir; et si, pour m'entretenir même, il faut que maintenant je m'engage
de tous côtés; si je suis réduit avec vous à chercher
tous les jours le secours des marchands pour avoir
moyen de porter des habits raisonnables? Enfin,
j'ai voulu vous parler pour m'aider à sonder mon
père sur les sentiments où je suis; et, si je l'y trouve
contraire, j'ai résolu d'aller en d'autres lieux, avec
cette aimable personne, jouir de la fortune que le
ciel voudra nous offrir. Je fais chercher par-tout,
pour ce dessein, de l'argent à emprunter; et, si vos
affaires, ma sœur, sont semblables aux miennes,
et qu'il faille que notre père s'oppose à nos désirs,

nous le quitterons là tous deux, et nous nous affranchirons de cette tyrannie où nous tient, depuis si longtemps, son avarice insupportable.

ÉLISE.

Il est bien vrai que tous les jours il nous donne de plus en plus sujet de regretter la mort de notre mère, et que....

CLÉANTE.

J'entends sa voix. Éloignons-nous un peu pour achever notre confidence ; et nous joindrons, après, nos forces pour venir attaquer la dureté de son humeur.

SCÈNE III.

HARPAGON, LA FLÈCHE

HARPAGON.

Hors d'ici tout à l'heure, et qu'on ne réplique pas. Allons, que l'on détale de chez moi, maître juré filou, vrai gibier de potence.

LA FLÈCHE, à part.

Je n'ai jamais rien vu de si méchant que ce maudit vieillard ; et je pense, sauf correction, qu'il a le diable au corps.

HARPAGON.

Tu murmures entre tes dents?

LA FLÈCHE.

Pourquoi me chassez-vous ?

HARPAGON.

C'est bien à toi, pendard, à me demander des raisons ! Sors vite, que je ne t'assomme.

LA FLECHE.

Qu'est-ce que je vous ai fait ?

HARPAGON.

Tu m'as fait, que je veux que tu sortes.

LA FLECHE.

Mon maître, votre fils, m'a donné ordre de l'attendre.

HARPAGON.

Va-t-en l'attendre dans la rue, et ne sois point dans ma maison planté tout droit comme un piquet, à observer ce qui se passe, et faire ton profit de tout. Je ne veux point avoir sans cesse devant moi un espion de mes affaires, un traître dont les yeux maudits assiégent toutes mes actions, dévorent ce que je possède, et furètent de tous côtés pour voir s'il n'y a rien à voler.

LA FLECHE.

Comment diantre voulez-vous qu'on fasse pour vous voler ? Êtes-vous un homme volable, quand vous renfermez toutes choses, et faites sentinelle jour et nuit ?

HARPAGON.

Je veux renfermer ce que bon me semble, et faire sentinelle comme il me plaît. Ne voilà pas de mes mouchards qui prennent garde à ce qu'on fait ! (*bas à part.*) Je tremble qu'il n'ait soupçonné quelque chose de mon argent. (*haut.*) Ne serois-tu

point homme à faire courir le bruit que j'ai chez
moi de l'argent caché ?

LA FLÈCHE.

Vous avez de l'argent caché ?

HARPAGON.

Non, coquin, je ne dis pas cela. (*bas.*) J'enrage,
(*haut.*) Je demande si malicieusement tu n'irois
point faire courir le bruit que j'en ai.

LA FLÈCHE.

Hé ! que nous importe que vous en ayez ou que
vous n'en ayez pas, si c'est pour nous la même chose ?

HARPAGON, *levant la main pour donner un soufflet
à La Flèche.*

Tu fais le raisonneur ! Je te baillerai de ce rai-
sonnement-ci par les oreilles. Sors d'ici, encore
une fois.

LA FLÈCHE.

Hé bien ! je sors.

HARPAGON.

Attends. Ne m'emportes-tu rien ?

LA FLÈCHE.

Que vous emporterois-je ?

HARPAGON.

Viens çà que je voie. Montre-moi tes mains.

LA FLÈCHE.

Les voilà.

HARPAGON.

Les autres.

LA FLÈCHE.

Les autres ?

HARPAGON.

Oui.

LA FLÈCHE.

Les voilà.

HARPAGON, *montrant le haut-de-chausses de La Flèche.*

N'as-tu rien mis ici dedans ?

LA FLÈCHE.

Voyez vous-même.

HARPAGON, *tâtant le bas des hauts-de-chausses de La Flèche.*

Ces grands hauts-de-chausses sont propres à devenir les recéleurs des choses qu'on dérobe, et je voudrois qu'on en eût fait pendre quelqu'un.

LA FLÈCHE, *à part.*

Ah ! qu'un homme comme cela mériteroit bien ce qu'il craint ! et que j'aurois de joie à le voler !

HARPAGON.

Hé ?

LA FLÈCHE.

Quoi ?

HARPAGON.

Qu'est-ce que tu parles de voler ?

LA FLÈCHE.

Je dis que vous fouillez bien par-tout pour voir si je vous ai volé.

HARPAGON.

C'est ce que je veux faire.

(*Harpagon fouille dans les poches de La Flèche.*)

LA FLÈCHE, *à part.*

La peste soit de l'avarice et des avaricieux !

HARPAGON.

Comment ? que dis-tu ?

LA FLECHE.

Ce que je dis ?

HARPAGON.

Oui. Qu'est-ce que tu dis d'avarice et d'avaricieux.

LA FLECHE.

Je dis que la peste soit de l'avarice et des avaricieux.

HARPAGON.

De qui veux-tu parler ?

LA FLECHE.

Des avaricieux.

HARPAGON.

Et qui sont-ils, ces avaricieux ?

LA FLECHE.

Des vilains et des ladres.

HARPAGON.

Mais qui est-ce que tu entends par-là ?

LA FLECHE.

De quoi vous mettez-vous en peine ?

HARPAGON.

Je me mets en peine de ce qu'il faut.

LA FLECHE.

Est-ce que vous croyez que je veux parler de vous ?

HARPAGON.

Je crois ce que je crois ; mais je veux que tu me
dises à qui tu parles quand tu dis cela.

LA FLECHE.

Je parle... Je parle à mon bonnet.

HARPAGON.

Et moi je pourrois bien parler à ta barrette.

LA FLECHE.

M'empêcherez-vous de maudire les avaricieux ?

HARPAGON.

Non ; mais je t'empêcherai de jaser et d'être insolent : tais-toi.

LA FLECHE.

Je ne nomme personne.

HARPAGON.

Je te rosserai, si tu parles.

LA FLECHE.

Qui se sent morveux, qu'il se mouche.

HARPAGON.

Te tairas-tu ?

LA FLECHE.

Oui, malgré moi.

HARPAGON.

Ah ! ah !

LA FLECHE, *montrant à Harpagon une poche de*
son justaucorps.

Tenez, voilà encore une poche. Etes-vous satisfait ?

HARPAGON.

Allons, rends-le-moi sans le fouiller.

LA FLECHE.

Quoi ?   12

HARPAGON.

Ce que tu m'as pris.

LA FLÈCHE.

Je ne vous ai rien pris du tout.

HARPAGON.

Assurément?

LA FLÈCHE.

Assurément.

HARPAGON.

Adieu. Va-t'en à tous les diables.

LA FLÈCHE, *à part.*

Me voilà fort bien congédié!

HARPAGON.

Je te le mets sur ta conscience au moins.

SCÈNE IV

HARPAGON

Voilà un pendard de valet qui m'incommode fort; et je ne me plais point à voir ce chien de boiteux-là. Certes, ce n'est pas une petite peine que de garder chez soi une grande somme d'argent; et bien heureux qui a tout son fait bien placé, et ne conserve seulement que ce qu'il faut pour sa dépense. On n'est pas peu embarrassé à inventer dans toute une maison une cache fidèle; car, pour moi, les coffres-forts me sont suspects, et je ne veux jamais m'y fier; je les tiens justement une franche amorce à voleurs; et c'est toujours la première chose que l'on va attaquer.

SCÈNE V.

HARPAGON; ÉLISE ET CLÉANTE, *parlant en-*
semble, et restant dans le fond du théâtre.

HARPAGON, *se croyant seul.*

CEPENDANT je ne sais si j'aurai bien fait d'avoir
enterré dans mon jardin dix mille écus qu'on me
rendit hier. Dix mille écus en or, chez soi, est une
somme assez... (*à part, apercevant Élise et Cléante.*)
O ciel ! je me serai trahi moi-même ; la chaleur
m'aura emporté ; et je crois que j'ai parlé haut,
en raisonnant tout seul. (*à Cléante et à Élise.*)
Qu'est-ce ?

CLÉANTE.

Rien, mon père.

HARPAGON.

Y a-t-il long-temps que vous êtes là ?

ÉLISE.

Nous ne venons que d'arriver.

HARPAGON.

Vous avez entendu...

CLÉANTE.

Quoi, mon père ?

HARPAGON.

Là...

ÉLISE.

Quoi ?

HARPAGON.

Ce que je viens de dire.

CLÉANTE.

Non.

HARPAGON.

Si fait, si fait.

ÉLISE.

Pardonnez-moi.

HARPAGON.

Je vois bien que vous en avez ouï quelques mots. C'est que je m'entretenois en moi-même de la peine qu'il y a aujourd'hui à trouver de l'argent, et je disois qu'il est bien heureux qui peut avoir dix mille écus chez soi.

CLÉANTE.

Nous feignions à vous aborder, de peur de vous interrompre.

HARPAGON.

Je suis bien aise de vous dire cela, afin que vous n'alliez pas prendre les choses de travers, et vous imaginer que je dise que c'est moi qui ai dix mille écus.

CLÉANTE.

Nous n'entrons point dans vos affaires.

HARPAGON.

Plût à Dieu que je les eusse, les dix mille écus !

CLÉANTE.

Je ne le crois pas...

HARPAGON.

Ce seroit une bonne affaire pour moi.

ÉLISE.

Ce sont des choses...

HARPAGON.

J'en aurois bon besoin.

CLÉANTE.

Je pense que...

HARPAGON.

Cela m'accommoderoit fort.

ÉLISE.

Vous êtes...

HARPAGON.

Et je ne me plaindrois pas, comme je fais, que le temps est misérable.

CLÉANTE.

Mon dieu ! mon père, vous n'avez pas lieu de vous plaindre, et l'on sait que vous avez assez de bien.

HARPAGON.

Comment ! j'ai assez de bien ! Ceux qui le disent en ont menti. Il n'y a rien de plus faux ; et ce sont des coquins qui font courir tous ces bruits-là.

ÉLISE.

Ne vous mettez point en colére.

HARPAGON.

Cela est étrange, que mes propres enfants me tra-hissent et deviennent mes ennemis ?

CLÉANTE.

Est-ce être votre ennemi, que de dire que vous avez du bien ?

HARPAGON.

Oui. De pareils discours, et les dépenses que vous faites, seront cause qu'un de ces jours on me viendra chez moi couper la gorge, dans la pensée que je suis tout cousu de pistoles.

CLÉANTE.

Quelle grande dépense est-ce que je fais?

HARPAGON.

Quelle? Est-il rien de plus scandaleux que ce somptueux équipage que vous promenez par la ville? Je querellois hier votre sœur; mais c'est encore pis. Voilà qui crie vengeance au ciel; et, à vous prendre depuis les pieds jusqu'à la tête, il y auroit là de quoi faire une bonne constitution. Je vous l'ai dit vingt fois, mon fils : toutes vos manières me déplaisent fort, vous donnez furieusement dans le marquis; et, pour aller ainsi vêtu, il faut bien que vous me dérobiez.

CLÉANTE.

Hé! comment vous dérober?

HARPAGON.

Que sais-je, moi? Où pouvez-vous donc prendre de quoi entretenir l'état que vous portez?

CLÉANTE.

Moi, mon père? c'est que je joue; et, comme je suis fort heureux, je mets sur moi tout l'argent que je gagne.

HARPAGON.

C'est fort mal fait. Si vous êtes heureux au jeu, vous en devriez profiter, et mettre à honnête intérêt l'argent que vous gagnez, afin de le trouver un jour. Je voudrois bien savoir, sans parler du reste, à quoi servent tous ces rubans dont vous

voilà lardé depuis les pieds jusqu'à la tête, et si
une demi-douzaine d'aiguillettes ne suffit pas pour
attacher un haut-de-chausses. Il est bien nécessaire
d'employer de l'argent à des perruques, lorsque
l'on peut porter des cheveux de son cru, qui ne
coûtent rien! Je vais gager qu'en perruques et rubans il y a du moins vingt pistoles; et vingt pistoles rapportent par année dix-huit livres six sous
huit deniers, à ne les placer qu'au denier douze.

CLÉANTE.

Vous avez raison.

HARPAGON.

Laissons cela, et parlons d'autres affaires. *(apercevant Cléante et Élise qui se font des signes.)* Hé!
(bas à part.) Je crois qu'ils se font signe l'un à
l'autre de me voler ma bourse. *(haut.)* Que veulent
dire ces gestes-là?

ÉLISE.

Nous marchandons, mon frère et moi, à qui
parlera le premier; et nous avons tous deux quelque chose à vous dire.

HARPAGON.

Et moi, j'ai quelque chose aussi à vous dire à
tous deux.

CLÉANTE.

C'est de mariage, mon père, que nous désirons
vous parler.

HARPAGON.

Et c'est de mariage aussi que je veux vous entretenir.

ÉLISE.

Ah ! mon pere !

HARPAGON.

Pourquoi ce cri ? Est-ce le mot, ma fille, ou la chose, qui vous fait peur.

CLÉANTE.

Le mariage peut nous faire peur à tous deux de la façon que vous pouvez l'entendre ; et nous craignons que nos sentiments ne soient pas d'accord avec votre choix.

HARPAGON.

Un peu de patience. Ne vous alarmez point. Je sais ce qu'il faut à tous deux, et vous n'aurez ni l'un ni l'autre aucun lieu de vous plaindre de tout ce que je prétends faire, et pour commencer par un bout, (*à Cléante.*) avez-vous vu, dites-moi, un jeune personne appelée Mariane, qui ne loge pas loin d'ici ?

CLÉANTE.

Oui, mon pere.

HARPAGON.

Et vous ?

ÉLISE.

J'en ai ouï parler.

HARPAGON.

Comment, mon fils, trouvez-vous cette fille.

CLÉANTE.

Une fort charmante personne.

HARPAGON

Sa physionomie ?

CLÉANTE.

Tout honnête et pleine d'esprit.

HARPAGON.

Son air et sa manière?

CLÉANTE.

Admirables , sans doute.

HARPAGON.

Ne croyez-vous pas qu'une fille comme cela mériteroit assez que l'on songeât à elle?

CLÉANTE.

Oui , mon père.

HARPAGON.

Que ce seroit un parti souhaitable ?

CLÉANTE.

Très-souhaitable.

HARPAGON.

Qu'elle a toute la mine de faire un bon ménage ?

CLÉANTE.

Sans doute.

HARPAGON.

Et qu'un mari auroit satisfaction avec elle ?

CLÉANTE.

Assurément.

HARPAGON.

Il y a une petite difficulté, c'est que j'ai peur qu'il
n'y ait pas , avec elle , tout le bien qu'on pourroit
prétendre.

CLÉANTE.

Ah! mon père , le bien n'est pas considérable

lorsqu'il est question d'épouser une honnête personne.

HARPAGON.

Pardonnez-moi, pardonnez-moi. Mais ce qu'il y a à dire, c'est que, si l'on n'y trouve pas tout le bien qu'on souhaite, on peut tâcher de regagner cela sur autre chose.

CLÉANTE.

Cela s'entend.

HARPAGON.

Enfin je suis bien aise de vous voir dans mes sentiments, car son maintien honnête et sa douceur m'ont gagné l'ame ; et je suis résolu de l'épouser, pourvu que j'y trouve quelque bien.

CLÉANTE.

Hé !

HARPAGON.

Comment ?

CLÉANTE.

Vous êtes résolu, dites-vous...

HARPAGON.

D'épouser Mariane.

CLÉANTE.

Qui ? vous ? vous ?

HARPAGON.

Oui, moi, moi, moi. Que veut dire cela ?

CLÉANTE.

Il m'a pris tout à coup un éblouissement, et je me retire d'ici.

HARPAGON.

Cela ne sera rien. Allez vite boire dans la cui-
sine un grand verre d'eau claire.

SCÈNE VI.

HARPAGON, ÉLISE.

HARPAGON.

Voilà de mes damoiseaux fluets qui n'ont non
plus de vigueur que des poules. C'est là, ma fille,
ce que j'ai résolu pour moi. Quant à ton frère, je
lui destine une certaine veuve dont ce matin on
m'est venu parler; et, pour toi, je te donne au
seigneur Anselme.

ÉLISE.

Au seigneur Anselme ?

HARPAGON.

Oui, un homme mûr, prudent et sage, qui n'a
pas plus de cinquante ans, et dont on vante les
grands biens.

ÉLISE, *faisant la révérence.*

Je ne veux point me marier, mon père, s'il
vous plaît.

HARPAGON, *contrefaisant Élise.*

Et moi, ma petite fille, ma mie, je veux que
vous vous mariiez, s'il vous plaît.

ÉLISE, *faisant encore la révérence.*

Je vous demande pardon, mon père.

HARPAGON, *contrefaisant Elise.*

Je vous demande pardon ; ma fille.

ÉLISE.

Je suis très-humble servante au seigneur Anselme, mais, (*faisant encore la révérence*) avec votre permission, je ne l'épouserai point.

HARPAGON.

Je suis votre très-humble valet ; mais, (*contrefaisant encore Elise*) avec votre permission, vous l'épouserez dès ce soir.

ÉLISE.

Dès ce soir ?

HARPAGON.

Dès ce soir.

ÉLISE, *faisant encore la révérence*

Cela ne sera pas , mon père.

HARPAGON , *contrefaisant encore Elise.*

Cela sera ma fille.

ÉLISE.

Non.

HARPAGON.

Si.

ÉLISE.

Non , vous dis-je.

HARGAGON.

Si , vous dis-je.

ÉLISE.

C'est une chose où vous ne me réduirez point.

HARPAGON.

C'est une chose où je te réduirai.

ÉLISE.

Je me tuerai plutôt que d'épouser un tel mari

HARPAGON.

Tu ne te tueras point, et tu l'épouseras. Mais voyez quelle audace ! a-t-on jamais vu une fille parler de la sorte à son père ?

ÉLISE.

Mais a-t-on jamais vu un père marier sa fille de la sorte ?

HARPAGON.

C'est un parti où il n'y a rien à redire ; et je gage que tout le monde approuvera mon choix.

ÉLISE.

Et moi, je gage qu'il ne sauroit être approuvé d'aucune personne raisonnable.

HARPAGON, *apercevant Valère de loin.*

Voilà Valère. Veux-tu qu'entre nous deux nous le fassions juge de cette affaire ?

ÉLISE.

J'y consens.

HARPAGON.

Te rendras-tu à son jugement ?

ÉLISE.

Oui, j'en passerai par ce qu'il dira.

HARPAGON.

Voilà qui est fait.

SCÈNE VII.

VALÈRE, HARPAGON, ÉLISE.

HARPAGON.

Ici, Valère. Nous t'avons élu pour nous dire qui a raison, de moi ou de ma fille.

VALÈRE.

C'est vous, monsieur, sans contredit.

HARPAGON.

Sais-tu bien de quoi nous parlons ?

VALÈRE.

Non ; mais vous ne sauriez avoir tort, et vous êtes toute raison.

HARPAGON.

Je veux ce soir lui donner pour époux un homme aussi riche que sage ; et la coquine me dit au nez qu'elle se moque de le prendre. Que dis-tu de cela ?

VALÈRE.

Ce que j'en dis ?

HARPAGON.

Oui.

VALÈRE.

Hé ! hé !

HARPAGON.

Quoi ?

VALÈRE.

Je dis que, dans le fond, je suis de votre senti

ment; et vous ne pouvez pas que vous n'ayez raison : mais aussi n'a-t-elle pas tort tout-à-fait; et....

HARPAGON.

Comment! le seigneur Anselme est un parti considérable; c'est un gentilhomme qui est noble,
doux, posé, sage et fort accommodé, et auquel il
ne reste aucun enfant de son premier mariage.
Sauroit-elle mieux rencontrer

VALÈRE.

Cela est vrai; mais elle pourroit vous dire que
c'est un peu précipiter les choses, et qu'il faudroit
au moins quelque temps pour voir si son inclination pourroit s'accorder avec...

HARPAGON.

C'est une occasion qu'il faut prendre vite aux
cheveux. Je trouve ici un avantage qu'ailleurs
je ne trouverois pas, et il s'engage à la prendre
sans dot.

VALÈRE.

Sans dot?

HARPAGON.

Oui.

VALÈRE.

Ah! je ne dis plus rien. Voyez-vous? voilà une
raison tout-à-fait convaincante; il se faut rendre
à cela.

HARPAGON.

C'est pour moi une épargne considérable

VALÈRE.

Assurément, cela ne reçoit point de contradiction. Il est vrai que votre fille vous peut représenter que le mariage est une plus grande affaire qu'on ne peut croire ; qu'il y va d'être heureux ou malheureux toute sa vie ; et qu'un engagement qui doit durer jusqu'à la mort ne se doit jamais faire qu'avec de grandes précautions.

HARPAGON.

Sans dot !

VALÈRE.

Vous avez raison. Voilà qui décide tout, cela s'entend. Il y a des gens qui pourroient vous dire qu'en de telles occasions l'inclination d'une fille est une chose, sans doute, où l'on doit avoir de l'égard, et que cette grande inégalité d'âge, d'humeur et de sentiments, rend un mariage sujet à des accidents très-fâcheux.

HARPAGON.

Sans dot !

VALÈRE.

Ah ! il n'y a pas de réplique à cela, on le sait bien. Qui diantre peut aller là contre ? Ce n'est pas qu'il n'y ait quantité de pères qui aimeroient mieux ménager la satisfaction de leurs filles que l'argent qu'ils pourroient donner ; qui ne les voudroient point sacrifier à l'intérêt, et chercheroient, plus que toute autre chose, à mettre dans un mariage cette douce conformité qui sans cesse y maintient l'honneur, la tranquillité et la joie ; et que...

HARPAGON.

Sans dot !

VALERE.

Il est vrai; cela ferme la bouche à tout. Sans dot !
Le moyen de résister à une raison comme celle-là !

HARPAGON, *à part*, *regardant du côté du jardin.*

Ouais ! il me semble que j'entends un chien qui
aboie. Nest-ce point qu'on en voudroit à mon argent ? (*à Valère.*) Ne bougez, je reviens tout à
l'heure.

SCENE VIII.

ÉLISE, VALÈRE

ÉLISE.

Vous moquez-vous, Valère, de lui parler comme
vous faites ?

VALERE.

C'est pour ne point l'aigrir, et pour en venir mieux
à bout. Heurter de front ses sentiments est le moyen
de tout gâter ; et il y a de certains esprits qu'il ne
faut prendre qu'en biaisant, des tempéraments ennemis de toute résistance, des naturels rétifs que la
vérité fait cabrer, qui toujours se roidissent contre
le droit chemin de la raison, et qu'on ne mène qu'en
tournant où l'on veut les conduire. Faites semblant
de consentir à ce qu'il veut, vous en viendrez mieux
à vos fins ; et...

ÉLISE.

Mais ce mariage, Valère?

VALÈRE.

On cherchera des biais pour le rompre.

ÉLISE.

Mais quelle invention trouver, s'il se doit conclure ce soir?

VALÈRE.

Il faut demander un délai, et feindre quelque maladie.

ÉLISE.

Mais on découvrira la feinte, si on appelle des médecins.

VALÈRE.

Vous moquez-vous? Y connoissent-ils quelque chose? Allez, allez, vous pourrez avec eux avoir quel mal il vous plaira; ils vous trouveront des raisons pour vous dire d'où cela vient.

SCÈNE IX.

HARPAGON, ÉLISE, VALÈRE.

HARPAGON, *à part, dans le fond du théâtre.*
Ce n'est rien, dieu merci.

VALÈRE, *sans voir Harpagon.*
Enfin notre dernier recours, c'est que la fuite nous peut mettre à couvert de tout; et si votre amour, belle Élise, est capable d'une fermeté... (*apercevant Harpagon.*) Oui, il faut qu'une fille obéisse à son père. Il ne faut point qu'elle regarde comme un mari est fait; et lorsque la grande

raison de, sans dot, s'y rencontre, elle doit être prête à prendre tout ce qu'on lui donne.

HARPAGON.

Bon! Voilà bien parler cela!

VALÈRE.

Monsieur, je vous demande pardon si je m'emporte un peu, et prends la hardiesse de lui parler comme je fais.

HARPAGON.

Comment! j'en suis ravi, et je veux que tu prennes sur elle un pouvoir absolu. (*à Élise.*) Oui, tu as beau fuir; je lui donne l'autorité que le ciel me donne sur toi, et j'entends que tu fasses tout ce qu'il te dira.

VALÈRE, *à Élise.*

Après cela, résistez à mes remontrances.

SCÈNE X.

HARPAGON, VALÈRE.

VALÈRE.

Monsieur, je vais la suivre, pour lui continuer les leçons que je lui faisois.

HARPAGON.

Oui; tu m'obligeras, certes.

VALÈRE.

Il est bon de lui tenir un peu la bride haute.

HARPAGON.

Cela est vrai. Il faut..

VALERE.

Ne vous mettez pas en peine. Je crois que j'en viendrai à bout.

HARPAGON.

Fais, fais. Je m'en vais faire un petit tour en ville, et reviens tout à l'heure.

VALERE, *adressant la parole à Elise, en s'en allant du côté par où elle est sortie.*

Oui, l'argent est plus précieux que toutes les choses du monde, et vous devez rendre grace au ciel de l'honnête homme de père qu'il vous a donné. Il sait ce que c'est que de vivre. Lorsqu'on s'offre de prendre une fille sans dot, on ne doit point regarder plus avant. Tout est renfermé là-dedans ; et, sans dot, tient lieu de beauté, de jeunesse, de naissance, d'honneur, de sagesse et de probité.

HARPAGON, *seul.*

Ah ! le brave garçon ! voilà parler comme un oracle ! Heureux qui peut avoir un domestique de la sorte !

FIN DU PREMIER ACTE.

ACTE SECOND.

SCÈNE I.

CLÉANTE, LA FLÉCHE

CLÉANTE.

Ah ! traître que tu es, où t'es-tu donc allé fourrer ?
Ne t'avois-je pas donné ordre...?

LA FLECHE.

Oui, monsieur, je m'étois rendu ici pour vous attendre de pied ferme ; mais monsieur votre père, le
plus malgracieux des hommes, m'a chassé dehors
malgré moi, et j'ai couru risque d'être battu.

CLÉANTE.

Comment va notre affaire ? Les choses pressent
plus que jamais. Depuis que je t'ai vu, j'ai découvert
que mon père est mon rival.

LA FLECHE.

Votre père amoureux ?

CLÉANTE.

Oui ; et j'ai eu toutes les peines du monde à lui cacher le trouble où cette nouvelle m'a remis.

LA FLECHE.

Lui, se mêler d'aimer ! De quoi diable s'avise-

t-il ? Se moque-t-il du monde ? et l'amour a-t-il
été fait pour des gens bâtis comme lui ?

CLÉANTE.

Il a fallu pour mes péchés que cette passion lui
soit venue en tête.

LA FLÈCHE.

Mais par quelle raison lui faire un mystère de
votre amour ?

CLÉANTE.

Pour lui donner moins de soupçon, et me conserver, au besoin, des ouvertures plus aisées pour
détourner ce mariage. Quelle réponse t'a-t-on
faite ?

LA FLÈCHE.

Ma foi, monsieur, ceux qui empruntent sont
bien malheureux ; et il faut essuyer d'étranges
choses lorsqu'on est réduit à passer, comme vous,
par les mains des fesse-Matthieu.

CLÉANTE.

L'affaire ne se fera point ?

LA FLÈCHE.

Pardonnez-moi. Notre maître Simon, le courtier qu'on nous a donné, homme agissant et plein
de zèle, dit qu'il a fait rage pour vous, et il
assure que votre seule physionomie lui a gagné le
cœur.

CLÉANTE.

J'aurai les quinze mille francs que je demande ?

LA FLÈCHE.

Oui, mais à quelques petites conditions qu'il

faudra que vous acceptiez, si vous avez dessein que les choses se fassent.

CLÉANTE.

T'a-t-il fait parler à celui qui doit prêter l'argent?

LA FLÈCHE.

Ah! vraiment, cela ne va pas de la sorte. Il apporte encore plus de soin à se cacher que vous; et ce sont des mystères bien plus grands que vous ne pensez. On ne veut point du tout dire son nom, et l'on doit aujourd'hui l'aboucher avec vous dans une maison empruntée, pour être instruit par votre bouche de votre bien et de votre famille; et je ne doute point que le seul nom de votre père ne rende les choses faciles.

CLÉANTE.

Et principalement ma mère étant morte, dont on ne peut m'ôter le bien.

LA FLÈCHE.

Voici quelques articles qu'il a dictés lui-même à notre entremetteur, pour vous être montrés avant que de rien faire:

« Supposé que le prêteur voie toutes ses sûretés,
« et que l'emprunteur soit majeur, et d'une famille
« où le bien soit ample, solide, assuré, clair, et
« net de tout embarras, on fera une bonne et
« exacte obligation pardevant un notaire, le plus
« honnête homme qu'il se pourra, et qui, pour
« cet effet, sera choisi par le prêteur, auquel il im-
« porte le plus que l'acte soit dûment dressé. »

CLÉANTE.

Il n'y a rien à dire à cela.

LA FLECHE.

« Le prêteur, pour ne charger sa conscience d'au-
« cun scrupule, prétend ne donner son argent qu'au
« dernier dix-huit. »

CLÉANTE.

Au dernier dix-huit? Parbleu ! voilà qui est honnête.
Il n'y a pas lieu de se plaindre.

LA FLECHE.

Cela est vrai.
« Mais comme ledit prêteur n'a pas chez lui la
« somme dont il est question, et que, pour faire plai-
« sir à l'emprunteur, il est contraint lui-même de
« l'emprunter d'un autre sur le pied du dernier cinq,
« il conviendra que ledit premier emprunteur paie
« cet intérêt, sans préjudice du reste, attendu que ce
« n'est que pour l'obliger que ledit prêteur s'engage
« à cet emprunt. »

CLÉANTE.

Comment diable ! quel juif ! quel arabe est-ce là !
C'est plus qu'au denier quatre.

LA FLECHE.

Il est vrai, c'est ce que j'ai dit. Vous avez à voir
là-dessus.

CLÉANTE.

Que veux-tu que je voie ? j'ai besoin d'argent, et
il faut bien que je consente à tout.

LA FLECHE.

C'est la réponse que j'ai faite.

CLÉANTE.

Il y a encore quelque chose?

LA FLÈCHE.

Ce n'est plus qu'un petit article.

« Des quinze mille francs qu'on demande, le
« prêteur ne pourra compter en argent que douze
« mille livres; et, pour les mille écus restants, il
« faudra que l'emprunteur prenne les hardes, nippes
« et bijoux dont s'ensuit le mémoire, et que ledit
« prêteur a mis de bonne foi au plus modique prix
« qu'il lui a été possible. »

CLÉANTE.

Que veut dire cela?

LA FLÈCHE.

Écoutez le mémoire.

« Premièrement, un lit de quatre pieds, à bandes
« de point de Hongrie, appliquées fort proprement
« sur un drap de couleur d'olive, avec six chaises
« et la courte-pointe de même; le tout bien condi-
« tionné, et doublé d'un petit taffetas changeant
« rouge et bleu. »

« Plus, un pavillon à queue, d'une bonne serge
« d'Aumale rose séché, avec le mollet et les franges
« de soie. »

CLÉANTE.

Que veut-il que je fasse de cela?

LA FLÈCHE.

Attendez.

« Plus, une tenture de tapisserie des amours
« de Gombaud et de Macé. »

« Plus, une grande table de bois de noyer à
« douze colonnes ou piliers tournés, qui se tire
« par les deux bouts, et garnie par le dessous de
« ses six escabelles. »

CLÉANTE.

Qu'ai-je à faire, morbleu!....

LA FLÈCHE.

Donnez-vous patience.

« Plus, trois gros mousquets tout garnis de
« nacre de perle, avec les trois fourchettes assor-
« tissantes.

« Plus, un fourneau de brique avec deux cor-
« nues et trois récipients fort utiles à ceux qui sont
« curieux de distiller. »

CLÉANTE.

J'enrage!

LA FLÈCHE.

Doucement.

« Plus, un luth de Bologne, garni de toutes ses
« cordes, ou peu s'en faut.

« Plus, un trou-madame, et un damier, avec un
« jeu de l'oie renouvelé des Grecs, fort propre à
« passer le temps lorsque l'on n'a que faire.

« Plus, une peau de lézard de trois pieds et
« demi, remplie de foin, curiosité agréable pour
« pendre au plancher d'une chambre.

« Le tout ci-dessus mentionné valant loyale-
« ment plus de quatre mille cinq cents livres, et
« rabaissé à la valeur de mille écus, par la discré-
« tion du prêteur. »

CLÉANTE.

Que la peste l'étouffe avec sa discrétion, le traître, le bourreau qu'il est! A-t-on jamais parlé d'une usure semblable? et n'est-il pas content du furieux intérêt qu'il exige, sans vouloir encore m'obliger à prendre pour trois mille livres les vieux rogatons qu'il ramasse? Je n'aurai pas deux cents écus de tout cela. Et cependant il faut bien me résoudre à consentir à ce qu'il veut; car il est en état de me faire tout accepter, et il me tient, le scélérat, le poignard sur la gorge.

LA FLÈCHE.

Je vous vois, monsieur, ne vous en déplaise, dans le grand chemin justement que tenoit Panurge pour se ruiner, prenant argent d'avance, achetant cher, vendant à bon marché, et mangeant son blé en herbe.

CLÉANTE.

Que veux-tu que j'y fasse? voilà où les jeunes gens sont réduits par la maudite avarice des pères: et on s'étonne après cela que les fils souhaitent qu'ils meurent!

LA FLÈCHE.

Il faut avouer que le vôtre animeroit contre sa vilenie le plus posé homme du monde. Je n'ai pas, dieu merci, les inclinations fort patibulaires; et, parmi mes confrères que je vois se mêler de beaucoup de petits commerces, je sais tirer adroitement mon épingle du jeu, et me démêler prudemment de toutes les galanteries qui sentent tant soit

peu l'échelle : mais, à vous dire vrai, il me donne-
roit, par ses procédés, des tentations de le voler; et
je croirois, en le volant, faire une action méritoire.

CLÉANTE.

Donne-moi un peu ce mémoire, que je le voie
encore.

SCÈNE II.

HARPAGON, maître SIMON; CLÉANTE
et LA FLÈCHE, dans le fond du théâtre.

Me SIMON

Oui, monsieur, c'est un jeune homme qui a besoin d'argent: ses affaires le pressent d'en trouver,
et il en passera par tout ce que vous prescrirez.

HARPAGON.

Mais, croyez-vous, maître Simon, qu'il n'y ait
rien à péricliter ? et savez-vous le nom, les biens
et la famille de celui pour qui vous parlez?

Mᶜ SIMON.

Non. Je ne puis pas bien vous en instruire à
fond; et ce n'est que par aventure que l'on m'a
adressé à lui : mais vous serez de toutes choses
éclairci par lui-même, et son homme m'a assuré
que vous serez content quand vous le connoîtrez.
Tout ce que je saurois vous dire, c'est que sa famille est fort riche, qu'il n'a plus de mère déjà, et
qu'il s'obligera, si vous voulez, que son père
mourra avant qu'il soit huit mois.

HARPAGON.

C'est quelque chose que cela. La charité, maître Simon, nous oblige à faire plaisir aux personnes lorsque nous le pouvons.

Me SIMON.

Cela s'entend.

LA FLÈCHE, *bas, à Cléante, reconnoissant maître Simon.*

Que veut dire ceci ? Notre maître Simon qui parle à votre père !

CLÉANTE, *bas, à La Flèche.*

Lui auroit-on appris qui je suis ? et serois-tu pour me trahir ?

Me SIMON, *à Cléante et à La Flèche.*

Ah! ah! vous êtes bien pressés! Qui vous a dit que c'étoit céans ? (*à Harpagon.*) Ce n'est pas moi, monsieur, au moins, qui leur ai découvert votre nom et votre logis. Mais, à mon avis, il n'y a pas grand mal à cela; ce sont des personnes discrètes, et vous pouvez ici vous expliquer ensemble.

HARPAGON.

Comment!

Me SIMON, *montrant Cléante.*

Monsieur est la personne qui veut vous emprunter les quinze mille livres dont je vous ai parlé.

HARPAGON.

Comment, pendard! c'est toi qui t'abandonnes à ces coupables extrémités!

CLÉANTE.

Comment, mon père! c'est vous qui vous portez à ces honteuses actions!

(Maître Simon s'enfuit, et La Flèche va se cacher.)

SCÈNE III.

HARPAGON, CLÉANTE.

HARPAGON.

C'est toi qui te veux ruiner par des emprunts si
condamnables!

CLÉANTE.

C'est vous qui cherchez à vous enrichir par des
usures si criminelles!

HARPAGON.

Oses-tu bien, après cela, paroître devant moi?

CLÉANTE.

Osez-vous bien, après cela, vous présenter aux
yeux du monde?

HARPAGON.

N'as-tu point de honte, dis-moi, d'en venir à
ces débauches-là, de te précipiter dans des dépenses effroyables, et de faire une honteuse dissi-
pation du bien que tes parents t'ont amassé avec
tant de sueurs?

CLÉANTE.

Ne rougissez-vous point de déshonorer votre
condition par les commerces que vous faites, de
sacrifier gloire et réputation au désir insatiable
d'entasser écu sur écu, et de renchérir, en fait d'in-

térêt, sur les plus infâmes subtilités qu'aient jamais inventées les plus célèbres usuriers ?

HARPAGON.

Ote-toi de mes yeux, coquin, ôte-toi de mes yeux.

CLÉANTE.

Qui est plus criminel, à votre avis, ou celui qui achète un argent dont il a besoin, ou bien celui qui vole un argent dont il n'a que faire ?

HARPAGON.

Retire-toi, te dis-je, et ne m'échauffe pas les oreilles. (*seul*,) Je ne suis pas fâché de cette aventure; et ce m'est un avis de tenir l'œil plus que jamais sur toutes ses actions.

SCÈNE IV.

FROSINE, HARPAGON.

FROSINE.

Monsieur.

HARPAGON.

Attendez un moment, je vais revenir vous parler. (*à part*.) Il est à propos que je fasse un petit tour à mon argent.

SCÈNE V.

LA FLÈCHE, FROSINE.

LA FLÈCHE, *sans voir Frosine*.
L'aventure est tout-à-fait drôle. Il faut bien

qu'il ait quelque part un ample magasin de hardes ;
car nous n'avons rien reconnu au mémoire que
nous avons.

FROSINE.

Hé ! c'est toi, mon pauvre La Flèche ! D'où vient
cette rencontre ?

LA FLÈCHE.

Ah ! ah ! c'est toi, Frosine ! Que viens-tu faire
ici ?

FROSINE.

Ce que je fais par-tout ailleurs ; m'entremettre
d'affaires ; me rendre serviable aux gens, et profiter, du mieux qu'il m'est possible, des petits
talents que je puis avoir. Tu sais que, dans ce
monde, il faut vivre d'adresse, et qu'aux personnes comme moi le ciel n'a donné d'autres rentes
que l'intrigue et que l'industrie.

LA FLÈCHE.

As-tu quelque négoce avec le patron du logis ?

FROSINE.

Oui ; je traite pour lui quelque petite affaire
dont j'espère une récompense.

LA FLÈCHE.

De lui ? Ah ! ma foi, tu seras bien fine, si tu en
tires quelque chose ; et je te donne avis que l'argent céans est fort cher.

FROSINE.

Il y a de certains services qui touchent merveil-
leusement.

LA FLÈCHE.

Je suis votre valet, et tu ne connois pas encore
le seigneur Harpagon. Le seigneur Harpagon est
de tous les humains l'humain le moins humain, le
mortel de tous les mortels le plus dur et le plus
serré. Il n'est point de service qui pousse sa reconnoissance jusqu'à lui faire ouvrir les mains. De la
louange, de l'estime, de la bienveillance en paroles, et de l'amitié, tant qu'il vous plaira; mais
de l'argent, point d'affaires. Il n'est rien de plus
sec et de plus aride que ses bonnes graces et ses
caresses; et *donner* est un mot pour qui il a tant
d'aversion, qu'il ne dit jamais, *Je vous donne,*
mais, *Je vous prête le bon jour.*

FROSINE.

Mon dieu! je sais l'art de traire les hommes; j'ai
le secret de m'ouvrir leur tendresse, de chatouiller
leurs cœurs, de trouver les endroits par où ils sont
sensibles.

LA FLÈCHE.

Bagatelles ici. Je te défie d'attendrir, du côté
de l'argent, l'homme dont il est question. Il est
turc là-dessus, mais d'une turquerie à désespérer
tout le monde; et l'on pourroit crever, qu'il n'en
branleroit pas. En un mot, il aime l'argent plus
que réputation, qu'honneur et que vertu; et la vue
d'un demandeur lui donne des convulsions: c'est
le frapper par son endroit mortel, c'est lui percer
le cœur, c'est lui arracher les entrailles; et si... ,
Mais il revient, je me retire.

SCÈNE VI.

HARPAGON, FROSINE.

HARPAGON, *bas.*

Tout va comme il faut. (*haut.*) Hé bien? qu'est-ce, Frosine?

FROSINE.

Ah! mon dieu! que vous vous portez bien! et que vous avez là un vrai visage de santé!

HARPAGON.

Qui? moi?

FROSINE.

Jamais je ne vous vis un teint si frais et si gaillard.

HARPAGON.

Tout de bon?

FROSINE.

Comment! vous n'avez de votre vie été si jeune que vous êtes, et je vois des gens de vingt-cinq ans qui sont plus vieux que vous.

HARPAGON.

Cependant, Frosine, j'en ai soixante bien comptés.

FROSINE.

Hé bien! qu'est-ce que cela? soixante ans! voilà bien de quoi! C'est la fleur de l'âge, cela; et vous entrez maintenant dans la belle saison de l'homme.

HARPAGON.

Il est vrai; mais vingt années de moins pourtant
ne me feroient point de mal, que je crois.

FROSINE.

Vous moquez-vous? Vous n'avez pas besoin de
cela, et vous êtes d'une pâte à vivre jusqu'à cent ans.

HARPAGON.

Tu le crois?

FROSINE.

Assurément; vous en avez toutes les marques.
Tenez-vous un peu. Oh! que voilà bien, entre vos
deux yeux, un signe de longue vie!

HARPAGON.

Tu te connois à cela?

FROSINE.

Sans doute. Montrez-moi votre main. Ah! mon
dieu! quelle ligne de vie!

HARPAGON.

Comment?

FROSINE.

Ne voyez-vous pas jusqu'où va cette ligne là?

HARPAGON.

Hé bien? qu'est-ce que cela veut dire

FROSINE.

Par ma foi, je disois cent ans; mais vous passerez
les six vingt.

HARPAGON.

Est-il possible?

FROSINE.

Il faudra vous assommer, vous dis-je, et

mettrez en terre et vos enfants et les enfants de vos
enfants.

HARPAGON.

Tant mieux. Comment va notre affaire?

FROSINE.

Faut-il le demander? et me voit-on mêler de
rien dont je ne vienne à bout? J'ai, sur-tout pour
les mariages, un talent merveilleux. Il n'est point
de partis au monde que je ne trouve en peu de
temps le moyen d'accoupler; et je crois, si je me
l'étois mis en tête, que je marierois le grand Turc
avec la république de Venise. Il n'y avoit pas, sans
doute, de si grandes difficultés à cette affaire-ci.
Comme j'ai commerce chez elles, je les ai à fond
l'une et l'autre entretenues de vous; et j'ai dit à la
mère le dessein que vous aviez conçu pour Mariane,
à la voir passer dans la rue et prendre l'air à sa
fenêtre.

HARPAGON.

Qui a fait réponse....?

FROSINE.

Elle a reçu la proposition avec joie; et, quand
je lui ai témoigné que vous souhaitiez fort que sa
fille assistât ce soir au contrat de mariage qui doit
se faire de la vôtre, elle y a consenti sans peine, et
me l'a confiée pour cela.

HARPAGON.

C'est que je suis obligé, Frosine, de donner à
souper au seigneur Anselme; et je serai bien aise
qu'elle soit du régal.

FROSINE.

Vous avez raison. Elle doit après dîner rendre visite à votre fille, d'où elle fait son compte d'aller faire un tour à la foire, pour venir ensuite au souper.

HARPAGON.

Hé bien! elles iront ensemble dans mon carrosse, que je leur prêterai.

FROSINE.

Voilà justement son affaire.

HARPAGON.

Mais, Frosine, as-tu entretenu la mère touchant le bien qu'elle peut donner à sa fille? Lui as-tu dit qu'il falloit qu'elle s'aidât un peu, qu'elle fît quelque effort, qu'elle se saignât pour une occasion comme celle-ci? car encore n'épouse-t-on point une fille sans qu'elle apporte quelque chose.

FROSINE.

Comment! c'est une fille qui vous apportera douze mille livres de rente.

HARPAGON.

Douze mille livres de rente?

FROSINE.

Oui. Premièrement, elle est nourrie et élevée dans une grande épargne de bouche: c'est une fille accoutumée à vivre de salade, de lait, de fromage et de pommes, et à laquelle, par conséquent, il ne faudra ni table bien servie, ni consommés exquis, ni orges mondés perpétuels, ni les autres délicatesses qu'il faudroit pour une autre femme; et cela

14

ne va pas à si peu de chose, qu'il ne monte bien tous les ans à trois mille francs pour le moins. Outre cela, elle n'est curieuse que d'une propreté fort simple, et n'aime point les superbes habits, ni les riches bijoux, ni les meubles somptueux, où donnent ses pareilles avec tant de chaleur; et cet article-là vaut plus de quatre mille livres par an. De plus, elle a une aversion horrible pour le jeu; ce qui n'est pas commun aux femmes d'aujourd'hui; et j'en sais une de nos quartiers qui a perdu, à trente et quarante, vingt mille francs cette année. Mais n'en prenons rien que le quart. Cinq mille francs au jeu par an, quatre mille francs en habits et bijoux, cela fait neuf mille livres; et mille écus que nous mettons pour la nourriture : ne voilà-t-il pas par année vos douze mille francs bien comptés ?

HARPAGON.

Oui, cela n'est pas mal; mais ce compte-là n'est rien de réel.

FROSINE.

Pardonnez-moi. N'est-ce pas quelque chose de réel que de vous apporter en mariage une grande sobriété, l'héritage d'un grand amour de simplicité de parure, et l'acquisition d'un grand fonds de haine pour le jeu ?

HARPAGON.

C'est une raillerie que de vouloir me constituer sa dot de toutes les dépenses qu'elle ne fera point. Je n'irai pas donner quittance de ce que je n

reçois pas; et il faut bien que je touche quelque
chose.

FROSINE.

Mon dieu! vous toucherez assez; et elles m'ont
parlé d'un certain pays où elles ont du bien dont
vous serez le maître.

HARPAGON.

Il faudra voir cela. Mais, Frosine, il y a encore
une chose qui m'inquiète. La fille est jeune, comme
tu vois; et les jeunes gens d'ordinaire n'aiment que
leurs semblables, ne cherchent que leur compagnie.
J'ai peur qu'un homme de mon âge ne soit pas de
son goût, et que cela ne vienne à produire chez moi
certains petits désordres qui ne m'accommode-
roient pas.

FROSINE.

Ah! que vous la connoissez mal! C'est encore
une particularité que j'avois à vous dire. Elle a une
aversion épouvantable pour tous les jeunes gens,
et n'a de l'amour que pour les vieillards.

HARPAGON.

Elle?

FROSINE.

Oui, elle. Je voudrois que vous l'eussiez entendue parler là-dessus. Elle ne peut souffrir du tout
la vue d'un jeune homme; mais elle n'est point plus
ravie, dit-elle, que lorsqu'elle peut voir un beau
vieillard avec une barbe majestueuse. Les plus vieux
sont pour elle les plus charmants; et je vous avertis
de n'aller pas vous faire plus jeune que vous êtes.

Elle veut tout au moins qu'on soit sexagénaire; et
il n'y a pas quatre mois encore qu'étant près d'être
mariée elle rompit tout net le mariage, sur ce que
son amant fit voir qu'il n'avoit que cinquante-six
ans, et qu'il ne prit point de lunettes pour signer
le contrat.

HARPAGON.

Sur cela seulement?

FROSINE.

Oui. Elle dit que ce n'est pas contentement pour
elle que cinquante-six ans ; et sur-tout elle est pour
les nez qui portent des lunettes.

HARPAGON.

Certes, tu me dis là une chose toute nouvelle.

FROSINE.

Cela va plus loin qu'on ne vous peut dire. On
lui voit dans sa chambre quelques tableaux et quelques estampes. Mais que pensez-vous que ce soit ?
des Adonis ? des Céphales ? des Pâris et des Apol-
lons ? Non : de beaux portraits de Saturne, du roi
Priam, du vieux Nestor, et du bon père Anchise
sur les épaules de son fils.

HARPAGON.

Cela est admirable ! Voilà ce que je n'aurois jamais pensé ; et je suis bien aise d'apprendre qu'elle
est de cette humeur. En effet, si j'avois été femme,
je n'aurois point aimé les jeunes hommes.

FROSINE.

Je le crois bien. Voilà de belles drogues que

des jeunes gens, pour les aimer! ce sont de beaux
morveux, de beaux godelureaux, pour donner envie de leur peau! et je voudrois bien savoir quel
ragoût il y a à eux!

HARPAGON.

Pour moi, je n'y en comprends point, et je ne
sais pas comment il y a des femmes qui les aiment
tant.

FROSINE.

Il faut être folle fieffée. Trouver la jeunesse aimable, est-ce avoir le sens commun? Sont-ce des
hommes que de jeunes blondins? et peut-on s'attacher à ces animaux-là?

HARPAGON.

C'est ce que je dis tous les jours. Avec leur ton
de poule laitée, leurs trois petits brins de barbe
relevés en barbe de chat, leurs perruques d'étou-
pes, leurs hauts-de-chausses tout tombants, et
leurs estomacs débraillés!...

FROSINE.

Hé! cela est bien bâti auprès d'une personne
comme vous! Voilà un homme cela. Il y a de quoi
satisfaire à la vue; et c'est ainsi qu'il faut être fait
et vêtu pour donner de l'amour.

HARPAGON.

Tu me trouves bien?

FROSINE.

Comment! vous êtes à ravir, et votre figure est
à peindre. Tournez-vous un peu, s'il vous plaît. Il
ne se peut pas mieux. Que je vous voie marcher.

Voilà un corps taillé, libre et dégagé comme il faut, et qui ne marque aucune incommodité.

HARPAGON.

Je n'en ai pas de grandes, dieu merci; il n'y a que ma fluxion qui me prend de temps en temps.

FROSINE.

Cela n'est rien; votre fluxion ne vous sied point mal, et vous avez grace à tousser.

HARPAGON.

Dis-moi un peu : Mariane ne m'a-t-elle point encore vu ? N'a-t-elle point pris garde à moi en passant ?

FROSINE.

Non; mais nous nous sommes fort entretenues de vous : je lui ai fait un portrait de votre personne; et je n'ai pas manqué de lui vanter votre mérite, et l'avantage que ce lui seroit d'avoir un mari comme vous.

HARPAGON.

Tu as bien fait, et je t'en remercie.

FROSINE.

J'aurois, monsieur, une petite prière à vous faire. J'ai un procès que je suis sur le point de perdre, faute d'un peu d'argent; (*Harpagon prend un air sérieux.*) et vous pourriez facilement me procurer le gain de ce procès, si vous aviez quelques bontés pour moi... Vous ne sauriez croire le plaisir qu'elle aura de vous voir. (*Harpagon reprend un air gai.*) Ah! que vous lui plairez! et que votre fraise à l'antique fera sur son esprit un effet admirable!

Mais sur-tout elle sera charmée de votre haut-de-chausses attaché au pourpoint avec des aiguillettes : c'est pour la rendre folle de vous; et un amant aiguilleté sera pour elle un ragoût merveilleux.

HARPAGON.

Certes, tu me ravis de me dire cela.

FROSINE.

En vérité, monsieur, ce procès m'est d'une conséquence tout-à-fait grande. (*Harpagon reprend son air sérieux.*) Je suis ruinée si je le perds; et quelque petite assistance me rétabliroit mes affaires... Je voudrois que vous eussiez vu le ravissement où elle étoit à m'entendre parler de vous. (*Harpagon reprend un air gai.*) La joie éclatoit dans ses yeux au récit de vos qualités; et je l'ai mise enfin dans une impatience extrême de voir ce mariage entièrement conclu.

HARPAGON.

Tu m'as fait grand plaisir, Frosine; et je t'en ai, je te l'avoue, toutes les obligations du monde.

FROSINE.

Je vous prie, monsieur, de me donner le petit secours que je vous demande. (*Harpagon reprend encore son air sérieux.*) Cela me remettra sur pied, et je vous en serai éternellement obligée.

HARPAGON.

Adieu. Je vais achever mes dépêches.

FROSINE.

Je vous assure, monsieur, que vous ne sauriez jamais me soulager dans un plus grand besoin.

HARPAGON.

Je mettrai ordre que mon carrosse soit tout prêt pour vous mener à la foire.

FROSINE.

Je ne vous importunerois pas si je ne m'y voyois forcée par la nécessité.

HARPAGON.

Et j'aurai soin qu'on soupe de bonne heure, pour ne vous point faire malades.

FROSINE.

Ne me refusez pas la grace dont je vous sollicite. Vous ne sauriez croire, monsieur, le plaisir que...

HARPAGON.

Je m'en vais. Voilà qu'on m'appelle. Jusqu'à tantôt.

FROSINE, *seule.*

Que la fièvre te serre, chien de vilain, à tous les diables! Le lâdre a été ferme à toutes mes attaques. Mais il ne me faut pas pourtant quitter la négociation; et j'ai l'autre côté, en tout cas, d'où je suis assurée de tirer bonne récompense.

FIN DU SECOND ACTE.

ACTE TROISIÈME.

SCÈNE I.

HARPAGON, CLÉANTE, ÉLISE, VALÈRE, DAME CLAUDE, *tenant un balai*; MAÎTRE JACQUES, LA MERLUCHE; BRINDAVOINE.

HARPAGON.

Allons, venez çà tous, que je vous distribue mes ordres pour tantôt, et règle à chacun son emploi. Approchez, dame Claude; commençons par vous. Bon, vous voilà les armes à la main. Je vous commets au soin de nettoyer par-tout; et sur-tout, prenez garde de frotter les meubles trop fort, de peur de les user. Outre cela, je vous constitue pendant le souper au gouvernement des bouteilles; et, s'il s'en écarte quelqu'une, et qu'il se casse quelque chose, je m'en prendrai à vous, et le rabattrai sur vos gages.

Me JACQUES, *à part*.

Châtiment politique!

HARPAGON, *à dame Claude*.

Allez.

SCÈNE II.

HARPAGON, CLÉANTE, ÉLISE, VALÈRE,
MAÎTRE JACQUES, BRINDAVOINE, LA MER-
LUCHE.

HARPAGON.

Vous, Brindavoine, et vous, La Merluche, je
vous établis dans la charge de rincer les verres, et
de donner à boire, mais seulement lorsque l'on
aura soif, et non pas selon la coutume de certains
impertinents de laquais qui viennent provoquer
les gens, et les faire aviser de boire lorsqu'on n'y
songe pas. Attendez qu'on vous en demande plus
d'une fois, et vous ressouvenez de porter toujours
beaucoup d'eau.

Me JACQUES, à part.

Oui, le vin pur monte à la tête.

LA MERLUCHE.

Quitterons-nous nos souquenilles, monsieur?

HARPAGON.

Oui, quand vous verrez venir les personnes; et
gardez bien de gâter vos habits.

BRINDAVOINE.

Vous savez bien, monsieur, qu'un des devants
de mon pourpoint est couvert d'une grande tache
de l'huile de la lampe.

LA MERLUCHE.

Et moi, monsieur, que j'ai mon haut-de-chausses
tout troué par derrière, et qu'on me voit, révérence parler...

HARPAGON, *à La Merluche.*

Paix; rangez cela adroitement du côté de la muraille; et présentez toujours le devant au monde.

(*À Brindavoine,* en lui montrant comme il doit mettre son chapeau au devant de son pourpoint pour cacher la tache d'huile.)

Et vous, tenez toujours votre chapeau ainsi, lorsque vous servirez.

SCÈNE III.

HARPAGON, CLÉANTE, ÉLISE, VALÈRE, MAÎTRE JACQUES.

HARPAGON.

Pour vous, ma fille, vous aurez l'œil sur ce que l'on desservira, et prendrez garde qu'il ne s'en fasse aucun dégât. Cela sied bien aux filles. Mais cependant préparez-vous à bien recevoir ma maîtresse, qui vous doit venir visiter, et vous mener avec elle à la foire. Entendez-vous ce que je vous dis?

ÉLISE.

Oui, mon père.

SCÈNE IV.

HARPAGON, CLÉANTE, VALÈRE, MAÎTRE JACQUES.

HARPAGON.

Et vous, mon fils le damoiseau, à qui j'ai la

bonté de pardonner l'histoire de tantôt, ne vous
allez pas aviser non plus de lui faire mauvais
visage.

CLÉANTE.

Moi, mon père ? mauvais visage ? Et par quelle
raison ?

HARPAGON.

Mon dieu ! nous savons le train des enfants dont
les pères se remarient, et de quel œil ils ont coutume de regarder ce qu'on appelle belle-mère.
Mais si vous souhaitez que je perde le souvenir de
votre dernière fredaine, je vous recommande sur-
tout de régaler d'un bon visage cette personne-là,
et de lui faire enfin tout le meilleur accueil qu'il
vous sera possible.

CLÉANTE.

A vous dire le vrai, mon père, je ne puis pas
vous promettre d'être bien aise qu'elle devienne
ma belle-mère ; je mentirois si je vous le disois ;
mais pour ce qui est de la bien recevoir, et de lui
faire bon visage, je vous promets de vous obéir
ponctuellement sur ce chapitre.

HARPAGON.

Prenez-y garde, au moins.

CLÉANTE.

Vous verrez que vous n'aurez pas sujet de vous
en plaindre.

HARPAGON.

Vous ferez sagement.

SCÈNE V.

HARPAGON, VALÈRE, MAÎTRE JACQUES

HARPAGON.

VALÈRE, aide-moi à ceci. Oh çà! maître Jacques, approchez-vous; je vous ai gardé pour le dernier.

Me JACQUES.

Est-ce à votre cocher, monsieur, ou bien à votre cuisinier, que vous voulez parler? car je suis l'un et l'autre.

HARPAGON.

C'est à tous les deux.

Me JACQUES.

Mais à qui des deux le premier?

HARPAGON.

Au cuisinier.

Me JACQUES.

Attendez donc, s'il vous plaît.
(Maître Jacques ôte sa casaque de cocher, et paroît vêtu en cuisinier.)

HARPAGON.

Quelle diantre de cérémonie est-ce là?

Me JACQUES.

Vous n'avez qu'à parler.

HARPAGON.

Je me suis engagé, maître Jacques, à donner ce soir à souper.

Me JACQUES, *à part.*

Grande merveille!

HARPAGON.

Dis-moi un peu, nous feras-tu bonne chère?

Mᵉ JACQUES.

Oui, si vous me donnez bien de l'argent.

HARPAGON.

Que diable! toujours de l'argent! Il semble
qu'ils n'aient rien autre chose à dire; de l'argent!
de l'argent! de l'argent! Ah! ils n'ont que ce mot
à la bouche, de l'argent! Toujours parler d'argent!
Voilà leur épée de chevet, de l'argent!

VALÈRE.

Je n'ai jamais vu de réponse plus impertinente
que celle-là. Voilà une belle merveille que de faire
bonne chère avec bien de l'argent! c'est une chose
la plus aisée du monde, et il n'y a si pauvre esprit
qui n'en fît bien autant. Mais pour agir en habile
homme, il faut parler de faire bonne chère avec
peu d'argent.

Mᵉ JACQUES.

Bonne chère avec peu d'argent!

VALÈRE.

Oui.

Mᵉ JACQUES, à Valère.

Par ma foi, monsieur l'intendant, vous nous
obligerez de nous faire voir ce secret, et de prendre
mon office de cuisinier: aussi-bien vous mêlez-
vous céans d'être le factotum.

HARPAGON.

Taisez-vous. Qu'est-ce qu'il nous faudra?

Mᵉ JACQUES.

Voilà monsieur votre intendant qui vous fera onne chère pour peu d'argent.

HARPAGON.

Ah! je veux que tu me répondes.

MᵉJACQUES.

Combien serez-vous de gens à table ?

HARPAGON.

Nous serons huit ou dix ; mais il ne faut prendre que huit. Quand il y a à manger pour huit, il y en a bien pour dix.

VALÈRE.

Cela s'entend.

MᵉJACQUES.

Hé bien! il faudra quatre grands potages et cinq assiettes... Potages... Entrées...

HARPAGON.

Que diable! voilà pour traiter une ville tout entière?

MᵉJACQUES.

Rôt...

HARPAGON, *mettant la main sur la bouche de maître Jacques.*

Ah! traître, tu manges tout mon bien.

MᵉJACQUES.

Entremets...

HARPAGON, *mettant encore la main sur la bouche de maître Jacques.*

Encore!

VALÈRE, *à maître Jacques.*

Est-ce que vous avez envie de faire crever tout le monde? et monsieur a-t-il invité des gens pour les assassiner à force de mangeaille? Allez-vous-en lire un peu les préceptes de la santé, et demander aux médecins s'il y a rien de plus préjudiciable à l'homme que de manger avec excès.

HARPAGON.

Il a raison.

VALÈRE.

Apprenez, maître Jacques, vous et vos pareils, que c'est un coupe-gorge qu'une table remplie de trop de viandes; que, pour se bien montrer ami de ceux que l'on invite, il faut que la frugalité règne dans les repas qu'on donne, et que, suivant le dire d'un ancien, *il faut manger pour vivre, et non pas vivre pour manger.*

HARPAGON.

Ah, que cela est bien dit! approche, que je t'embrasse pour ce mot. Voilà la plus belle sentence que j'aie entendue de ma vie : *il faut vivre pour manger, et non pas manger pour vi...* Non, ce n'est pas cela. Comment est-ce que tu dis?

VALÈRE.

Qu'*il faut manger pour vivre, et non pas vivre pour manger.*

HARPAGON.

(*à maître Jacques.*) Oui. Entends-tu? (*à Valère.*) Qui est le grand homme qui a dit cela?

VALÈRE.

Je ne me souviens pas maintenant de son nom.

HARPAGON.

Souviens-toi de m'écrire ces mots : je les veux faire graver en lettres d'or sur la cheminée de ma salle.

VALÈRE.

Je n'y manquerai pas : et pour vôtre souper, vous n'avez qu'à me laisser faire, je réglerai tout cela comme il faut.

HARPAGON.

Fais donc.

Mᵉ JACQUES.

Tant mieux, j'en aurai moins de peine.

HARPAGON, à Valère.

Il faudra de ces choses dont on ne mange guère, et qui rassasient d'abord ; quelque bon haricot bien gras, avec quelque pâté en pot bien garni de marrons.

VALÈRE.

Reposez-vous sur moi.

HARPAGON.

Maintenant, maître Jacques, il faut nettoyer mon carrosse.

Mᵉ JACQUES.

Attendez. Ceci s'adresse au cocher.

(Maître Jacques remet sa casaque.)
Vous dites...?

HARPAGON.

Qu'il faut nettoyer mon carrosse, et tenir mes chevaux tout prêts pour conduire à la foire...

Mᵈ JACQUES.

Vos chevaux, monsieur ! Ma foi, ils ne sont point du tout en état de marcher. Je ne vous dirai point qu'ils sont sur la litière, les pauvres bêtes n'en ont point ; et ce seroit mal parler : mais vous leur faites observer des jeûnes si austères, que ce ne sont plus rien que des idées ou des fantômes, des façons de chevaux.

HARPAGON.

Les voilà bien malades ! ils ne font rien.

Mᵉ JACQUES.

Et pour ne faire rien, monsieur, est-ce qu'il ne faut rien manger ? Il leur vaudroit bien mieux, les pauvres animaux, de travailler beaucoup, de manger de même. Cela me fend le cœur, de les voir ainsi exténués ; car enfin j'ai une tendresse pour mes chevaux, qu'il me semble que c'est moi-même, quand je les vois pâtir ; je m'ôte tous les jours pour eux les choses de la bouche ; et c'est être, monsieur, d'un naturel trop dur, que de n'avoir nulle pitié de son prochain.

HARPAGON.

Le travail ne sera pas grand d'aller jusqu'à la foire.

Mᵉ JACQUES.

Non, monsieur, je n'ai point le courage de les

mener, et je ferois conscience de leur donner des coups de fouet en l'état où ils sont. Comment voudriez-vous qu'ils traînassent un carrosse? ils ne peuvent pas se traîner eux-mêmes.

VALÈRE.

Monsieur, j'obligerai le voisin le Picard à se charger de les conduire; aussi-bien nous sera-t-il ici besoin pour apprêter le souper.

Mᶜ JACQUES.

Soit. J'aime mieux encore qu'ils meurent sous la main d'un autre que sous la mienne.

VALÈRE.

Maître Jacques fait bien le raisonnable.

Mᶜ JACQUES.

Monsieur l'intendant fait bien le nécessaire.

HARPAGON.

Paix.

Mᶜ JACQUES.

Monsieur, je ne saurois souffrir les flatteurs; et je vois que ce qu'il en fait, que ses contrôles perpétuels sur le pain et le vin, le bois, le sel et la chandelle, ne sont rien que pour vous gratter, et vous faire sa cour. J'enrage de cela, et je suis fâché tous les jours d'entendre ce qu'on dit de vous: car enfin je me sens pour vous de la tendresse, en dépit que j'en aie; et, après mes chevaux, vous êtes la personne que j'aime le plus.

HARPAGON.

Pourrois-je savoir de vous, maître Jacques, ce que l'on dit de moi?

M^c JACQUES.

Oui, monsieur, si j'étois assuré, que cela ne vous fâchât point.

HARPAGON.

Non, en aucune façon.

M^c JACQUES.

Pardonnez-moi; je sais fort bien que je vous mettrois en colère.

HARPAGON.

Point du tout; au contraire, c'est me faire plaisir, et je suis bien aise d'apprendre comme on parle de moi.

M^c JACQUES.

Monsieur, puisque vous le voulez, je vous dirai franchement qu'on se moque par-tout de vous, qu'on nous jette de tous côtés cent brocards à votre sujet, et que l'on n'est point plus ravi que de vous tenir au cul et aux chausses, et de faire sans cesse des contes de votre lésine. L'un dit que vous faites imprimer des almanachs particuliers, où vous faites doubler les quatre-temps et les vigiles, afin de profiter des jeûnes où vous obligez votre monde; l'autre, que vous avez toujours une querelle toute prête à faire à vos valets dans le temps des étrennes, ou de leur sortie d'avec vous, pour vous trouver une raison de ne leur donner rien : celui-là conte qu'une fois vous fîtes assigner le chat d'un de vos voisins, pour vous avoir mangé un reste de gigot de mouton; celui-ci, que l'on vous surprit une nuit en venant dérober vous-même l'avoine de vos chevaux, et que votre cocher, qui étoit celui d'avant moi, vous donna dans l'obscurité je ne sais combien de coups de bâton, dont vous ne voulûtes rien dire. Enfin, voulez-vous que je vous dise ? on ne sauroit aller nulle part où l'on ne vous entende accommoder de toutes pièces : vous êtes la fable et la risée de tout le monde ; et jamais on ne parle de vous que sous les noms d'avare, de ladre, de vilain, et de fesse-Matthieu.

HARPAGON, *en battant maître Jacques.*

Vous êtes un sot, un maraud, un coquin et un impudent.

Mᵉ JACQUES.

Hé bien ! ne l'avois-je pas deviné ? Vous ne m'avez pas voulu croire. Je vous avois bien dit que je vous fâcherois de vous dire la vérité.

HARPAGON.

Apprenez à parler.

SCÈNE VI.

VALÈRE, MAÎTRE JACQUES.

VALÈRE, *riant.*

A ce que je puis voir, maître Jacques, on paie mal votre franchise.

Mᵉ JACQUES.

Morbleu ! monsieur le nouveau venu, qui faites l'homme d'importance, ce n'est pas votre affaire.

Riez de vos coups de bâton quand on vous en
donnera, et ne venez point rire des miens.

VALÈRE.

Ah! monsieur maître Jacques, ne vous fâchez
pas, je vous prie.

Me JACQUES, *à part*.

Il file doux. Je veux faire le brave, et, s'il est
assez sot pour me craindre, le frotter quelque
peu. (*haut.*) Savez-vous bien, monsieur le rieur,
que je ne ris pas, moi, et que, si vous m'échauffez
la tête, je vous ferai rire d'une autre sorte?
(*Maître Jacques pousse Valère jusqu'au bout du
théâtre en le menaçant.*)

VALÈRE.

Hé! doucement.

Me JACQUES.

Comment, doucement! Il ne me plaît pas, moi.

VALÈRE.

De grace.

Me JACQUES.

Vous êtes un impertinent.

VALÈRE.

Monsieur maître Jacques.

Me JACQUES.

Il n'y a point de monsieur maître Jacques pour
un double. Si je prends un bâton, je vous rosserai
d'importance.

VALÈRE.

Comment! un bâton!
(*Valère fait reculer maître Jacques à son tour.*)

MＥ JACQUES.

Hé! je ne parle pas de cela.

VALÈRE.

Savez-vous bien, monsieur le fat, que je suis
homme à vous rosser vous-même?

MＥ JACQUES.

Je n'en doute pas.

VALÈRE.

Que vous n'êtes, pour tout potage, qu'un fa-
quin de cuisinier?

MＥ JACQUES.

Je le sais bien.

VALÈRE.

Et que vous ne me connoissez pas encore?

MＥ JACQUES.

Pardonnez-moi.

VALÈRE.

Vous me rosserez, dites-vous?

MＥ JACQUES.

Je le disois en raillant.

VALÈRE.

Et moi je ne prends point de goût à votre raillerie.

(donnant des coups de bâton à maître Jacques,)
Apprenez que vous êtes un mauvais railleur.

MＥ JACQUES, seul.

Peste soit la sincérité! c'est un mauvais métier:
désormais j'y renonce, et je ne veux plus dire

vrai. Passe encore pour mon maître, il a quelque droit de me battre; mais pour ce monsieur l'intendant, je m'en vengerai si je puis.

SCÈNE VII.

MARIANE, FROSINE, MAÎTRE JACQUES.

FROSINE.

Savez-vous, maître Jacques, si votre maître est au logis?

Me JACQUES.

Oui vraiment, il y est; je ne le sais que trop.

FROSINE.

Dites-lui, je vous prie, que nous sommes ici.

SCÈNE VIII

MARIANE, FROSINE.

MARIANE.

Ah! que je suis, Frosine, dans un étrange état! et, s'il faut dire ce que je sens, que j'appréhende cette vue!

FROSINE.

Mais pourquoi? et quelle est votre inquiétude?

MARIANE.

Hélas! me le demandez-vous? et ne vous figurez-vous point les alarmes d'une personne toute prête à voir le supplice où l'on veut l'attacher?

FROSINE.

Je vois bien que, pour mourir agréablement,

Harpagon n'est pas le supplice que vous voudriez embrasser ; et je connois, à votre mine, que le jeune blondin dont vous m'avez parlé vous revient un peu dans l'esprit.

MARIANE.

Oui : c'est une chose, Frosine, dont je ne veux pas me défendre ; et les visites respectueuses qu'il a rendues chez nous ont fait, je vous l'avoue, quelque effet dans mon ame.

FROSINE.

Mais avez-vous su quel il est ?

MARIANE.

Non, je ne sais point quel il est : mais je sais qu'il est fait d'un air à se faire aimer ; que, si l'on pouvoit mettre les choses à mon choix, je le prendrois plutôt qu'un autre ; et qu'il ne contribue pas peu à me faire trouver un tourment effroyable dans l'époux qu'on veut me donner.

FROSINE.

Mon dieu ! tous ces blondins sont agréables, et débitent fort bien leur fait : mais la plupart sont gueux comme des rats ; et il vaut mieux pour vous de prendre un vieux mari qui vous donne beaucoup de bien. Je vous avoue que les sens ne trouvent pas si bien leur compte du côté que je dis, et qu'il y a quelques petits dégoûts à essuyer avec un tel époux : mais cela n'est pas pour durer ; et sa mort, croyez-moi, vous mettra bientôt en état d'en prendre un plus aimable, qui réparera toutes choses.

MARIANE.

Mon dieu! Frosine, c'est une étrange affaire,
lorsque, pour être heureuse, il faut souhaiter ou
attendre le trépas de quelqu'un! et la mort ne
suit pas tous les projets que nous faisons.

FROSINE.

Vous moquez-vous? Vous ne l'épousez qu'aux
conditions de vous laisser veuve bientôt; et ce
doit être là un des articles du contrat. Il seroit
bien impertinent de ne pas mourir dans trois
mois. Le voici en propre personne.

MARIANE.

Ah! Frosine, quelle figure!

SCÈNE IX.

HARPAGON, MARIANE, FROSINE.

HARPAGON, à Mariane.

Ne vous offensez pas, ma belle, si je viens à
vous avec des lunettes. Je sais que vos appas frap-
pent assez les yeux, sont assez visibles d'eux-
mêmes, et qu'il n'est pas besoin de lunettes pour
les apercevoir; mais enfin c'est avec des lunettes
qu'on observe les astres; et je maintiens et garantis que vous êtes un astre, mais un astre, le plus
bel astre qui soit dans le pays des astres... Frosine, elle ne répond mot, et ne témoigne, ce me
semble, aucune joie de me voir.

FROSINE.

C'est qu'elle est encore toute surprise : et puis

les filles ont toujours honte à témoigner d'abord ce qu'elles ont dans l'ame.

HARPAGON, *à Frosine.*

Tu as raison. (*à Mariane.*) Voilà, belle mignonne, ma fille qui vient vous saluer.

SCÈNE X

HARPAGON, ÉLISE, MARIANE, FROSINE.

MARIANE.

JE m'acquitte bien tard, madame, d'une telle visite.

ÉLISE.

Vous avez fait, madame, ce que je devois faire, et c'étoit à moi de vous prévenir.

HARPAGON.

Vous voyez qu'elle est grande; mais mauvaise herbe croît toujours.

MARIANE, *bas, à Frosine.*

O l'homme déplaisant!

HARPAGON, *à Frosine.*

Que dit la belle?

FROSINE.

Qu'elle vous trouve admirable.

HARPAGON.

C'est trop d'honneur que vous me faites, adorable mignonne.

MARIANE, *à part.*

Quel animal!

HARPAGON.

Je vous suis trop obligé de ces sentiment

MARIANE, *à part.*

Je n'y puis plus tenir.

SCÈNE XI.

HARPAGON, MARIANE, ELISE, CLÉANTE, VALÈRE, FROSINE, BRINDAVOINE.

HARPAGON.

Voici mon fils aussi qui vous vient faire la révérence.

MARIANE, *bas, à Frosine.*

Ah! Frosine, quelle rencontre! C'est justement celui dont je t'ai parlé.

FROSINE, *à Mariane.*

L'aventure est merveilleuse.

HARPAGON.

Je vois que vous vous étonnez de me voir de si grands enfants; mais je serai bientôt défait et de l'un et de l'autre.

CLÉANTE, *à Mariane.*

Madame, à vous dire le vrai, c'est ici une aventure où, sans doute, je ne m'attendois pas; et mon père ne m'a pas peu surpris, lorsqu'il m'a dit tantôt le dessein qu'il avoit formé.

MARIANE.

Je puis dire la même chose: c'est une rencontre imprévue qui m'a surprise autant que vous; et je n'étois point préparée à une telle aventure.

CLÉANTE.

Il est vrai que mon père, madame, ne peut pas faire un plus beau choix, et que ce m'est une sensible joie que l'honneur de vous voir; mais, avec tout cela, je ne vous assurerai point que je me réjouis du dessein où vous pourriez être de devenir ma belle-mère. Le compliment, je vous l'avoue, est trop difficile pour moi; et c'est un titre, s'il vous plaît, que je ne vous souhaite point. Ce discours paroîtra brutal aux yeux de quelques uns : mais je suis assuré que vous serez personne à le prendre comme il faudra; que c'est un mariage, madame, où vous vous imaginez bien que je dois avoir de la répugnance; que vous n'ignorez pas, sachant ce que je suis, comme il choque mes intérêts, et que vous voulez bien enfin que je vous dise, avec la permission de mon père, que, si les choses dépendoient de moi, cet hymen ne se feroit point.

HARPAGON.

Voilà un compliment bien impertinent! Quelle belle confession à lui faire!

MARIANE.

Et moi, pour vous répondre, j'ai à vous dire que les choses sont fort égales; et que, si vous auriez de la répugnance à me voir votre belle-mère, je n'en aurois pas moins, sans doute, à vous voir mon beau-fils. Ne croyez pas, je vous prie, que ce soit moi qui cherche à vous donner cette inquiétude. Je serois fort fâchée de vous causer du déplaisir; et, si je ne m'y vois forcée par une puissance absolue, je vous donne ma parole que je ne consentirai point au mariage qui vous chagrine.

HARPAGON.

Elle a raison : à sot compliment il faut une réponse de même. Je vous demande pardon, ma belle, de l'impertinence de mon fils; c'est un jeune sot qui ne sait pas encore la conséquence des paroles qu'il dit.

MARIANE.

Je vous promets que ce qu'il m'a dit ne m'a point du tout offensée; au contraire, il m'a fait plaisir de m'expliquer ainsi ses véritables sentiments. J'aime de lui un aveu de la sorte; et s'il avoit parlé d'autre façon, je l'en estimerois bien moins.

HARPAGON.

C'est beaucoup de bonté à vous de vouloir ainsi excuser ses fautes. Le temps le rendra plus sage, et vous verrez qu'il changera de sentiments.

CLÉANTE.

Non, mon père, je ne suis point capable d'en changer, et je prie instamment madame de le croire.

HARPAGON.

Mais voyez quelle extravagance! il continue encore plus fort.

CLÉANTE.

Voulez-vous que je trahisse mon cœur?

HARPAGON.

Encore ! Avez-vous envie de changer de discours ?

CLÉANTE.

Hé bien ! puisque vous voulez que je parle
d'autre façon : Souffrez, madame, que je me mette
ici à la place de mon père, et que je vous avoue
que je n'ai rien vu dans le monde de si charmant
que vous ; que je ne conçois rien d'égal au bonheur
de vous plaire, et que le titre de votre époux est
une gloire, une félicité que je préférerois aux
destinées des plus grands princes de la terre. Oui,
madame, le bonheur de vous posséder est, à mes
regards, la plus belle de toutes les fortunes ; c'est
où j'attache toute mon ambition. Il n'y a rien que
je ne sois capable de faire pour une conquête si
précieuse ; et les obstacles les plus puissants...

HARPAGON.

Doucement, mon fils, s'il vous plaît.

CLÉANTE.

C'est un compliment que je fais pour vous à
madame.

HARPAGON.

Mon dieu ! j'ai une langue pour m'expliquer
moi-même, et je n'ai pas besoin d'un interprète
comme vous. Allons, donnez des sièges

FROSINE.

Non, il vaut mieux que de ce pas nous allions à

la foire, afin d'en revenir plus tôt, et d'avoir tout le
temps ensuite de nous entretenir.

HARPAGON, *à Brindavoine.*

Qu'on mette donc les chevaux au carrosse.

SCÈNE XII.

HARPAGON, MARIANE, ÉLISE, CLÉANTE,
VALÈRE, FROSINE.

HARPAGON, *à Mariane.*

JE vous prie de m'excuser, ma belle, si je n'ai
pas songé à vous donner un peu de collation avant
que de partir.

CLÉANTE.

J'y ai pourvu, mon père; et j'ai fait apporter ici
quelques bassins d'oranges de la Chine, de citrons
doux, et de confitures, que j'ai envoyé querir de
votre part.

HARPAGON, *bas, à Valère.*

Valère.

VALÈRE, *à Harpagon.*

Il a perdu le sens.

CLÉANTE.

Est-ce que vous trouvez, mon père, que ce ne
soit pas assez? Madame aura la bonté d'excuser
cela, s'il lui plaît.

MARIANE.

C'est une chose qui n'étoit pas nécessaire.

CLÉANTE.

Avez-vous jamais vu, madame, un diamant plus

vif que celui que vous voyez que mon père a au doigt?

MARIANE.

Il est vrai qu'il brille beaucoup.

CLÉANTE, ôtant du doigt de son père le diamant, et le donnant à Mariane.

Il faut que vous le voyiez de près.

MARIANE.

Il est fort beau, sans doute, et jette quantité de feux.

CLÉANTE, se mettant au-devant de Mariane, qui veut rendre le diamant.

Non, madame, il est en de trop belles mains; c'est un présent que mon père vous fait.

HARPAGON.

Moi?

CLÉANTE.

N'est-il pas vrai, mon père, que vous voulez que madame le garde pour l'amour de vous?

HARPAGON, bas, à son fils.

Comment!

CLÉANTE, à Mariane.

Belle demande! il me fait signe de vous le faire accepter.

MARIANE.

Je ne veux point...

CLÉANTE, à Mariane.

Vous moquez-vous? il n'a garde de le reprendre.

HARPAGON, *à part.*

J'enrage.

MARIANE.

Ce seroit...

CLÉANTE, *empêchant toujours Mariane de rendre le diamant.*

Non, vous dis-je; c'est l'offenser.

MARIANE.

De grace...

CLÉANTE.

Point du tout.

HARPAGON, *à part.*

Peste soit....!

CLÉANTE.

Le voilà qui se scandalise de votre refus.

HARPAGON, *bas, à son fils.*

Ah! traître!

CLÉANTE, *à Mariane.*

Vous voyez qu'il se désespère.

HARPAGON, *bas, à son fils en le menaçant.*

Bourreau que tu es!

CLÉANTE.

Mon père, ce n'est pas ma faute: je fais ce que je puis pour l'obliger à le garder; mais elle est obstinée.

HARPAGON, *bas, à son fils avec emportement.*

Pendard!

CLÉANTE.

Vous êtes cause, madame, que mon père me querelle.

HARPAGON, *bas, à son fils, avec les mêmes gestes.*

Le coquin!

CLÉANTE, *à Mariane.*

Vous le ferez tomber malade. De grace, madame,
ne résistez pas davantage.

FROSINE, *à Mariane.*

Mon dieu! que de façons! Gardez la bague,
puisque monsieur le veut.

MARIANE, *à Harpagon.*

Pour ne vous point mettre en colère, je la garde
maintenant; et je prendrai un autre temps pour
vous la rendre.

SCENE XIII.

HARPAGON, MARIANE, ÉLISE, CLÉANTE, VALÈRE, FROSINE, BRINDAVOINE.

BRINDAVOINE.

Monsieur, il y a là un homme qui veut vous
parler.

HARPAGON.

Dis-lui que je suis empêché, et qu'il revienne
une autre fois.

BRINDAVOINE.

Il dit qu'il vous apporte de l'argent.

HARPAGON, *à Mariane.*

Je vous demande pardon, je reviens tout à
l'heure.

SCÈNE XIV.

HARPAGON, MARIANE, ÉLISE, CLÉANTE,
VALÈRE, FROSINE, LA MERLUCHE.

LA MERLUCHE, *courant, et faisant tomber Harpagon.*
MONSIEUR...

HARPAGON.

Ah! je suis mort.

CLÉANTE.

Qu'est-ce, mon père? Vous êtes-vous fait mal?

HARPAGON.

Le traître assurément a reçu de l'argent de mes
débiteurs pour me faire rompre le cou.

VALÈRE, *à Harpagon.*

Cela ne sera rien.

LA MERLUCHE, *à Harpagon.*

Monsieur, je vous demande pardon; je croyois
bien faire d'accourir vite.

HARPAGON.

Que viens-tu faire ici, bourreau?

LA MERLUCHE.

Vous dire que vos deux chevaux sont déferrés.

HARPAGON.

Qu'on les mène promptement chez le maréchal.

CLÉANTE.

En attendant qu'ils soient ferrés, je vais fai
pour vous, mon père, les honneurs de votre logis,
et conduire madame dans le jardin, où je ferai
porter la collation.

SCÈNE XV.

HARPAGON, VALÈRE.

HARPAGON.

VALÈRE, aie un peu l'œil à tout cela; et prends soin, je te prie, de m'en sauver le plus que tu pourras pour le renvoyer au marchand.

VALÈRE.

C'est assez.

HARPAGON, *seul.*

O fils impertinent! as-tu envie de me ruiner?

FIN DU TROISIÈME ACTE.

ACTE QUATRIÈME.

SCÈNE I.

CLÉANTE, MARIANE, ÉLISE, FROSINE.

CLÉANTE.

RENTRONS ici, nous serons beaucoup mieux; il n'y a plus autour de nous personne de suspect, et nous pouvons parler librement.

ÉLISE.

Oui, madame, mon frère m'a fait confidence de la passion qu'il a pour vous. Je sais les chagrins et les déplaisirs que sont capables de causer de pareilles traverses; et c'est, je vous assure, avec une tendresse extrême que je m'intéresse à votre aventure.

MARIANE.

C'est une douce consolation que de voir dans ses intérêts une personne comme vous; et je vous conjure, madame, de me garder toujours cette généreuse amitié, si capable de m'adoucir les cruautés de la fortune.

FROSINE.

Vous êtes, par ma foi, de malheureuses gens, l'un et l'autre, de ne m'avoir point, avant tout ceci,

avertie de votre affaire. Je vous aurois sans doute
détourné cette inquiétude, et n'aurois point amené
les choses où l'on voit qu'elles sont.

CLÉANTE.

Que veux-tu? c'est ma mauvaise destinée qui l'a
voulu ainsi. Mais, belle Mariane, quelles résolutions sont les vôtres?

MARIANE.

Hélas! suis-je en pouvoir de faire des résolutions? et, dans la dépendance où je me vois, puis-
je former que des souhaits?

CLÉANTE.

Point d'autre appui pour moi dans votre cœur
que de simples souhaits? point de pitié officieuse?
point de secourable bonté? point d'affection agis-
sante?

MARIANE.

Que saurois-je vous dire? mettez-vous en ma
place, et voyez ce que je puis faire. Avisez, ordon-
nez vous-même, je m'en remets à vous; et je vous
crois trop raisonnable pour vouloir exiger de moi
que ce qui peut m'être permis par l'honneur et la
bienséance.

CLÉANTE.

Hélas! où me réduisez-vous, que de me renvoyer
à ce que voudront me permettre les fâcheux sentiments d'un rigoureux honneur et d'une scrupu-
leuse bienséance.

MARIANE.

Mais que voulez-vous que je fasse? Quand je

pourrois passer sur quantité d'égards où notre sexe est obligé, j'ai de la considération pour ma mère : elle m'a toujours élevée avec une tendresse extrême ; et je ne saurois me résoudre à lui donner du déplaisir. Faites, agissez auprès d'elle ; employez tous vos soins à gagner son esprit ; vous pouvez faire et dire tout ce que vous voudrez, je vous en donne la licence ; et, s'il ne tient qu'à me déclarer en votre faveur, je veux bien consentir à lui faire un aveu moi-même de tout ce que je sens pour vous.

CLÉANTE.

Frosine, ma pauvre Frosine, voudrois-tu nous servir ?

FROSINE.

Par ma foi, faut-il le demander ? je le voudrois de tout mon cœur. Vous savez que de mon naturel je suis assez humaine. Le ciel ne m'a point fait l'ame de bronze ; et je n'ai que trop de tendresse à rendre de petits services, quand je vois des gens qui s'entr'aiment en tout bien et en tout honneur. Que pourrions-nous faire à ceci ?

CLÉANTE.

Songe un peu, je te prie.

MARIANE.

Ouvre-nous des lumières.

ÉLISE.

Trouve quelque invention pour rompre ce que tu as fait.

FROSINE.

Ceci est assez difficile. (à *Mariane*.) Pour votre

mère, elle n'est pas tout-à-fait déraisonnable; et peut-être pourroit-on la gagner et la résoudre à transporter au fils le don qu'elle veut faire au père. (*à Cléante.*) Mais le mal que j'y trouve, c'est que votre père est votre père.

CLÉANTE.

Cela s'entend.

FROSINE.

Je veux dire qu'il conservera du dépit si l'on montre qu'on le refuse, et qu'il ne sera point d'humeur ensuite à donner son consentement à votre mariage. Il faudroit, pour bien faire, que le refus vînt de lui-même, et tâcher par quelque moyen de le dégoûter de votre personne.

CLÉANTE.

Tu as raison.

FROSINE.

Oui, j'ai raison, je le sais bien. C'est là ce qu'il faudroit; mais le diantre est d'en pouvoir trouver les moyens... Attendez. Si nous avions quelque femme un peu sur l'âge, qui fût de mon talent, et jouât assez bien pour contrefaire une dame de qualité, par le moyen d'un train fait à la hâte, et d'un bizarre nom de marquise ou de vicomtesse, que nous supposerions de la basse Bretagne, j'aurois assez d'adresse pour faire accroire à votre père que ce seroit une personne riche, outre ses maisons, de cent mille écus en argent comptant; qu'elle seroit éperdument amoureuse de lui, et souhaiteroit de se voir sa femme, jusqu'à lui donner tout son bien

par contrat de mariage : et je ne doute point qu'il
ne prêtât l'oreille à la proposition. Car enfin il vous
aime fort, je le sais ; mais il aime un peu plus l'argent : et quand, ébloui de ce leurre, il auroit une
fois consenti à ce qui vous touche, il importeroit
peu ensuite qu'il se désabusât, en venant à vouloir
voir clair aux affaires de notre marquise.

CLÉANTE.

Tout cela est fort bien pensé.

FROSINE.

Laissez-moi faire. Je viens de me ressouvenir
d'une de mes amies qui sera notre fait.

CLÉANTE.

Sois assurée, Frosine, de ma reconnoissance,
si tu viens à bout de la chose. Mais, charmante Mariane, commençons, je vous prie, par gagner votre
mère ; c'est toujours beaucoup faire que de rompre
ce mariage. Faites-y de votre part, je vous conjure,
tous les efforts qu'il vous sera possible. Servez-vous
de tout le pouvoir que vous donne sur elle cette
amitié qu'elle a pour vous : déployez sans réserve les
graces éloquentes, les charmes tout-puissants que
le ciel a placés dans vos yeux et dans votre bouche ;
et n'oubliez rien, s'il vous plaît, de ces tendres
paroles, de ces douces prières, et de ces caresses
touchantes à qui je suis persuadé qu'on ne sauroit
rien refuser.

MARIANE.

J'y ferai tout ce que je puis, et n'oublierai aucune chose.

SCÈNE II.

HARPAGON, CLÉANTE, MARIANE, ÉLISE,
FROSINE.

HARPAGON, *à part, sans être aperçu.*

OUAIS! mon fils baise la main de sa prétendue
belle-mère, et sa prétendue belle-mère ne s'en
défend pas fort. Y auroit-il quelque mystère là-
dessous?

ÉLISE.

Voilà mon père.

HARPAGON.

Le carrosse est tout prêt, vous pouvez partir
quand il vous plaira.

CLÉANTE.

Puisque vous n'y allez pas, mon père, je m'en
vais les conduire.

HARPAGON.

Non, demeurez; elles iront bien toutes seules,
et j'ai besoin de vous.

SCÈNE III.

HARPAGON, CLÉANTE.

HARPAGON.

Or çà, intérêt de belle-mère à part, que te se
ble, à toi, de cette personne?

CLÉANTE.

Ce qu'il m'en semble?

HARPAGON.

Oui, de son air, de sa taille, de sa beauté, de son esprit?

CLÉANTE.

Là, là.

HARPAGON.

Mais encore?

CLÉANTE.

A vous en parler franchement, je ne l'ai pas trouvée ici ce que je l'avois crue. Son air est de franche coquette, sa taille est assez gauche, sa beauté très médiocre, et son esprit des plus communs. Ne croyez pas que ce soit, mon père, pour vous en dégoûter; car, belle-mère pour belle-mère, j'aime autant celle-là qu'une autre.

HARPAGON.

Tu lui disois tantôt pourtant...

CLÉANTE.

Je lui ai dit quelques douceurs en votre nom; mais c'étoit pour vous plaire.

HARPAGON.

Si bien donc que tu n'aurois pas d'inclination pour elle?

CLÉANTE.

Moi? point du tout.

HARPAGON.

J'en suis fâché, car cela rompt une pensée qui m'étoit venue dans l'esprit. J'ai fait, en la voyant ici, réflexion sur mon âge; et j'ai songé qu'on pourra trouver à redire de me voir marier à une si jeune personne. Cette considération m'en faisoit quitter le dessein ; et comme je l'ai fait demander, et que je suis pour elle engagé de parole, je te l'aurois donnée, sans l'aversion que tu témoignes.

CLÉANTE.

A moi ?

HARPAGON.

A toi.

CLÉANTE.

En mariage ?

HARPAGON.

En mariage.

CLÉANTE.

Écoutez. Il est vrai qu'elle n'est pas fort à mon goût : mais, pour vous faire plaisir, mon père, je me résoudrai à l'épouser, si vous voulez.

HARPAGON.

Moi ? Je suis plus raisonnable que tu ne penses ; je ne veux point forcer ton inclination.

CLÉANTE.

Pardonnez-moi, je me ferai cet effort pour l'amour de vous.

HARPAGON.

Non, non ; un mariage ne sauroit être heureux où l'inclination n'est pas.

CLÉANTE.

C'est une chose, mon père, qui peut-être viendra ensuite ; et l'on dit que l'amour est souvent un fruit du mariage.

HARPAGON.

Non : du côté de l'homme on ne doit point risquer l'affaire ; et ce sont des suites fâcheuses où je
n'ai garde de me commettre. Si tu avois senti quelque inclination pour elle, à la bonne heure ; je te
l'aurois fait épouser, au lieu de moi : mais, cela
n'étant pas, je suivrai mon premier dessein, et je
l'épouserai moi-même.

CLÉANTE.

Hé bien, mon père, puisque les choses sont
ainsi, il faut vous découvrir mon cœur, il faut vous
révéler notre secret. La vérité est que je l'aime,
depuis un jour que je la vis dans une promenade ;
que mon dessein étoit tantôt de vous la demander
pour femme ; et que rien ne m'a retenu que la déclaration de vos sentiments, et la crainte de vous
déplaire.

HARPAGON.

Lui avez-vous rendu visite ?

CLÉANTE.

Oui, mon père.

HARPAGON.

Beaucoup de fois ?

CLÉANTE.

Assez, pour le temps qu'il y a.

HARPAGON.

Vous a-t-on bien reçu ?

CLÉANTE.

Fort bien, mais sans savoir qui j'étois ; et c'es
ce qui a fait tantôt la surprise de Mariane.

HARPAGON.

Lui avez-vous déclaré votre passion, et le dessein
où vous étiez de l'épouser?

CLÉANTE.

Sans doute; et même j'en avois fait à sa mère
quelque peu d'ouverture.

HARPAGON.

A-t-elle écouté pour sa fille votre proposition?

CLÉANTE.

Oui, fort civilement.

HARPAGON.

Et la fille correspond-elle fort à votre amour?

CLÉANTE.

Si j'en dois croire les apparences, je me persuade,
mon père, qu'elle a quelque bonté pour moi.

HARPAGON, *bas, à part.*

Je suis bien aise d'avoir appris un tel secret; et
voilà justement ce que je demandois. (*haut.*) Or
sus, mon fils, savez-vous ce qu'il y a? C'est qu'il
faut songer, s'il vous plaît, à vous défaire de votre
amour, à cesser toutes vos poursuites auprès d'une
personne que je prétends pour moi, et à vous
marier dans peu avec celle qu'on vous destine.

CLÉANTE.

Oui, mon père, c'est ainsi que vous me jouez!
Hé bien! puisque les choses en sont venues là, je
vous déclare, moi, que je ne quitterai point la
passion que j'ai pour Mariane; qu'il n'y a point
d'extrémité où je ne m'abandonne pour vous dis-
puter sa conquête; et que, si vous avez pour vous

le consentement d'une mère, j'aurai d'autres secours peut-être qui combattront pour moi.

HARPAGON.

Comment, pendard! tu as l'audace d'aller sur mes brisées!

CLÉANTE.

C'est vous qui allez sur les miennes; et je suis le premier en date.

HARPAGON.

Ne suis-je pas ton père? et ne me dois-tu pas respect?

CLÉANTE.

Ce ne sont point ici des choses où les enfants soient obligés de déférer aux pères, et l'amour ne connoît personne.

HARPAGON.

Je te ferai bien me connoître avec de bons coups de bâton.

CLÉANTE.

Toutes vos menaces ne feront rien.

HARPAGON

Tu renonceras à Mariane.

CLÉANTE.

Point du tout.

HARPAGON.

Donnez-moi un bâton tout à l'heure.

SCÈNE IV.

HARPAGON, CLÉANTE, MAÎTRE JACQUES.

Mᵉ JACQUES.

Hé! hé! hé! messieurs, qu'est-ce oi? à quoi songez-vous?

CLÉANTE.

Je me moque de cela.

Mᵉ JACQUES, *à Cléante.*

Ah! monsieur, doucement.

HARPAGON.

Me parler avec cette impudence!

Mᵉ JACQUES, *à Harpagon.*

Ah! monsieur, de grace.

CLÉANTE.

Je n'en démordrai point.

Mᵉ JACQUES, *à Cléante.*

Hé quoi! à votre père!

HARPAGON.

Laisse-moi faire.

Mᵉ JACQUES, *à Harpagon.*

Hé quoi! à votre fils! Encore passe pour moi.

HARPAGON.

Je te veux faire toi-même, maître Jacques, juge de cette affaire, pour montrer comme j'ai raison.

Mᵉ JACQUES.

J'y consens. (*à Cléante.*) Éloignez-vous un peu.

HARPAGON.

J'aime une fille que je veux épouser, et le pendard a l'insolence de l'aimer avec moi, et d'y prétendre malgré mes ordres.

Me JACQUES.

Ah ! il a tort.

HARPAGON.

N'est-ce pas une chose épouvantable, qu'un fils qui veut entrer en concurrence avec son père ? et ne doit-il pas, par respect, s'abstenir de toucher à mes inclinations ?

Me JACQUES.

Vous avez raison. Laissez-moi lui parler, et demeurez là.

CLÉANTE, à maître Jacques qui s'approche de lui.

Hé bien, oui, puisqu'il veut te choisir pour juge, je n'y recule point ; il ne m'importe qui que ce soit : et je veux bien aussi me rapporter à toi, maître Jacques, de notre différent.

Me JACQUES.

C'est beaucoup d'honneur que vous me faites.

CLÉANTE.

Je suis épris d'une jeune personne qui répond à mes vœux, et reçoit tendrement les offres de ma foi ; et mon père s'avise de venir troubler notre amour par la demande qu'il en fait faire.

Me JACQUES.

Il a tort assurément.

CLÉANTE.

N'a-t-il point de honte à son âge de songer à se marier ? Lui sied-il bien d'être encore amoureux ?

et ne devroit-il pas laisser cette occupation aux
jeunes gens ?

Mᵉ JACQUES.

Vous avez raison, il se moque ; laissez-moi lui
dire deux mots. (*à Harpagon.*) Hé bien ! votre fils
n'est pas si étrange que vous le dites, et il se met
à la raison : il dit qu'il sait le respect qu'il vous
doit, qu'il ne s'est emporté que dans la première
chaleur, et qu'il ne fera point refus de se soumettre à ce qu'il vous plaira, pourvu que vous
vouliez le traiter mieux que vous ne faites, et lui
donner quelque personne en mariage dont il ait
lieu d'être content.

HARPAGON.

Ah ! dis-lui, maître Jacques, que, moyennant
cela, il pourra espérer toutes choses de moi, et
que, hors Mariane, je lui laisse la liberté de choisir celle qu'il voudra.

Mᵉ JACQUES.

Laissez-moi faire. (*à Cléante.*) Hé bien ! votre
père n'est pas si déraisonnable que vous le faites ;
et il m'a témoigné que ce sont vos emportements
qui l'ont mis en colère, et qu'il n'en veut seulement qu'à votre manière d'agir ; et qu'il sera fort
disposé à vous accorder ce que vous souhaitez,
pourvu que vous vouliez vous y prendre par la
douceur, et lui rendre les déférences, les respects
et les soumissions qu'un fils doit à son père.

CLÉANTE.

Ah ! maître Jacques, tu lui peux assurer que,

s'il m'accorde Mariane, il me verra toujours le plus soumis de tous les hommes, et que jamais je ne ferai aucune chose que par ses volontés.

Me JACQUES, *à Harpagon.*

Cela est fait, il consent à ce que vous dites.

HARPAGON.

Voilà qui va le mieux du monde.

Me JACQUES, *à Cléante.*

Tout est conclu; il est content de vos promesses.

CLÉANTE.

Le ciel en soit loué.

Me JACQUES.

Messieurs, vous n'avez qu'à parler ensemble, vous voilà d'accord maintenant; et vous alliez vous quereller, faute de vous entendre.

CLÉANTE.

Mon pauvre maître Jacques, je te serai obligé toute ma vie.

Me JACQUES.

Il n'y a pas de quoi, monsieur.

HARPAGON.

Tu m'as fait plaisir, maître Jacques, et cela mérite une récompense.
(Harpagon fouille dans sa poche, maître Jacques tend la main; mais Harpagon ne tire que son mouchoir en disant:)
Va, je m'en souviendrai, je t'assure.

Me JACQUES.

Je vous baise les mains.

SCÈNE V.

HARPAGON, CLÉANTE.

CLÉANTE.

Je vous demande pardon, mon père, de l'emportement que j'ai fait paroître.

HARPAGON.

Cela n'est rien.

CLÉANTE.

Je vous assure que j'en ai tous les regrets du monde.

HARPAGON.

Et moi j'ai toutes les joies du monde de te voir raisonnable.

CLÉANTE.

Quelle bonté à vous d'oublier si vite ma faute !

HARPAGON.

On oublie aisément les fautes des enfants lorsqu'ils rentrent dans leur devoir.

CLÉANTE.

Quoi ! ne garder aucun ressentiment de toutes mes extravagances !

HARPAGON.

C'est une chose où tu m'obliges par la soumission et le respect où tu te ranges.

CLÉANTE.

Je vous promets, mon père, que, jusqu'au tombeau, je conserverai dans mon cœur le souvenir de vos bontés.

HARPAGON.

Et moi je te promets qu'il n'y aura aucune chose que tu n'obtiennes de moi.

CLÉANTE.

Ah! mon père, je ne vous demande plus rien, et c'est m'avoir assez donné que de me donner Mariane.

HARPAGON.

Comment?

CLÉANTE.

Je dis, mon père, que je suis trop content de vous, et que je trouve toutes choses dans la bonté que vous avez de m'accorder Mariane.

HARPAGON.

Qui est-ce qui parle de t'accorder Mariane?

CLÉANTE.

Vous, mon père.

HARPAGON.

Moi?

CLÉANTE.

Sans doute.

HARPAGON.

Comment! c'est toi qui as promis d'y renoncer.

CLÉANTE.

Moi, y renoncer?

HARPAGON.

Oui.

CLÉANTE.

Point du tout.

HARPAGON.

Tu ne t'es pas départi d'y prétendre ?

CLÉANTE.

Au contraire, j'y suis porté plus que jamais.

HARPAGON.

Quoi, pendard ! derechef ?

CLÉANTE.

Rien ne me peut changer.

HARPAGON.

Laisse-moi faire, traître.

CLÉANTE.

Faites tout ce qu'il vous plaira.

HARPAGON.

Je te défends de me jamais voir.

CLÉANTE.

A la bonne heure.

HARPAGON.

Je t'abandonne.

CLÉANTE.

Abandonnez.

HARPAGON.

Je te renonce pour mon fils.

CLÉANTE.

Soit.

HARPAGON.

Je te déshérite.

CLÉANTE.

Tout ce que vous voudrez.

HARPAGON.

Et je te donne ma malédiction.

CLÉANTE.

Je n'ai que faire de vos dons.

SCÈNE VI.

CLÉANTE, LA FLÈCHE.

LA FLÈCHE, *sortant du jardin avec une cassette.*

Ah ! monsieur, que je vous trouve à propos !
Suivez-moi vite.

CLÉANTE.

Qu'y a-t-il ?

LA FLÈCHE.

Suivez-moi, vous dis-je ; nous sommes bien)

CLÉANTE.

Comment ?

LA FLÈCHE.

Voici votre affaire.

CLÉANTE.

Quoi ?

LA FLÈCHE.

J'ai guigné ceci tout le jour.

CLÉANTE.

Qu'est-ce que c'est ?

LA FLÈCHE.

Le trésor de votre père, que j'ai attrapé.

CLÉANTE.

Comment as-tu fait ?

LA FLÈCHE.

Vous saurez tout. Sauvons-nous, je l'entends
crier.

SCÈNE VII.

HARPAGON, *criant au voleur dès le jardin.*

Au voleur! au voleur! à l'assassin! au meurtrier! Justice, juste ciel! Je suis perdu, je suis assassiné; on m'a coupé la gorge, on m'a dérobé mon argent. Qui peut-ce être? Qu'est-il devenu? Où est-il? Où se cache-t-il? Que ferai-je pour le trouver? Où courir? Où ne pas courir? N'est-il point là? N'est-il point ici? Qui est-ce? Arrête. (*à lui-même se prenant par le bras.*) Rends-moi mon argent, coquin... Ah! c'est moi... Mon esprit est troublé, et j'ignore où je suis, qui je suis, et ce que je fais. Hélas! mon pauvre argent, mon pauvre argent, mon cher ami, on m'a privé de toi! et, puisque tu m'es enlevé, j'ai perdu mon support, ma consolation, ma joie; tout est fini pour moi, et je n'ai plus que faire au monde! Sans toi il m'est impossible de vivre. C'en est fait; je n'en puis plus, je me meurs, je suis mort, je suis enterré. N'y a-t-il personne qui veuille me ressusciter, en me rendant mon cher argent; ou en m'apprenant qui l'a pris? Hé! que dites-vous? Ce n'est personne. Il faut, qui que ce soit qui ait fait le coup, qu'avec beaucoup de soin on ait épié l'heure; et l'on a choisi justement le temps que je parlois à mon traître de fils. Sortons. Je veux aller querir la justice, et faire donner la question à toute ma maison; à servantes, à valets, à fils, à fille, et à moi

17.

aussi. Que de gens assemblés! Je ne jette mes regards sur personne qui ne me donne des soupçons, et tout me semble mon voleur. Hé! de quoi est-ce qu'on parle là? de celui qui m'a dérobé? Quel bruit fait-on là-haut? est-ce mon voleur qui y est? De grace, si l'on sait des nouvelles de mon voleur, je supplie que l'on m'en dise. N'est-il point caché là parmi vous? Ils me regardent tous, et se mettent à rire. Vous verrez qu'ils ont part, sans doute, au vol que l'on m'a fait. Allons vite, des commissaires, des archers, des prévôts, des juges, des gênes, des potences et des bourreaux. Je veux faire pendre tout le monde; et, si je ne retrouve mon argent, je me pendrai moi-même après.

FIN DU QUATRIÈME ACTE.

ACTE CINQUIÈME.

SCÈNE I.

HARPAGON, UN COMMISSAIRE.

LE COMMISSAIRE.

Laissez-moi faire, je sais mon métier, dieu merci. Ce n'est pas d'aujourd'hui que je me mêle de découvrir des vols; et je voudrois avoir autant de sacs de mille francs que j'ai fait pendre de personnes.

HARPAGON.

Tous les magistrats sont intéressés à prendre cette affaire en main; et, si l'on ne me fait retrouver mon argent, je demanderai justice de la justice.

LE COMMISSAIRE.

Il faut faire toutes les poursuites requises. Vous dites qu'il y avoit dans cette cassette...

HARPAGON.

Dix mille écus bien comptés.

LE COMMISSAIRE.

Dix mille écus!

HARPAGON.

Dix mille écus.

LE COMMISSAIRE.

Le vol est considérable.

HARPAGON.

Il n'y a point de supplice assez grand pour l'énormité de ce crime ; et, s'il demeure impuni, les choses les plus sacrées ne sont plus en sûreté.

LE COMMISSAIRE.

En quelles espèces étoit cette somme ?

HARPAGON.

En bons louis d'or et pistoles bien trébuchantes.

LE COMMISSAIRE.

Qui soupçonnez-vous de ce vol ?

HARPAGON.

Tout le monde ; et je veux que vous arrêtiez prisonniers la ville et les faubourgs.

LE COMMISSAIRE.

Il faut, si vous m'en croyez, n'effaroucher personne, et tâcher doucement d'attraper quelques preuves, afin de procéder après, par la rigueur, au recouvrement des deniers qui vous ont été pris.

SCÈNE II.

HARPAGON, LE COMMISSAIRE, MAÎTRE JACQUES.

M° JACQUES, *dans le fond du théâtre, en se retournant du côté par lequel il est entré.*

Je m'en vais revenir : qu'on me l'égorge tout à l'heure ; qu'on me lui fasse griller les pieds ; qu'on me le mette dans l'eau bouillante ; et qu'on me le pende au plancher.

HARPAGON, *à maître Jacques.*

Qui ? celui qui m'a dérobé ?

Mᵉ JACQUES.

Je parle d'un cochon de lait que votre intendant me vient d'envoyer, et je veux vous l'accommoder à ma fantaisie.

HARPAGON.

Il n'est pas question de cola, et voilà monsieur
à qui il faut parler d'autre chose.

LE COMMISSAIRE, *à maître Jacques.*

Ne vous épouvantez point : je suis homme à ne
vous point scandaliser, et les choses iront dans la
douceur.

Mᵉ JACQUES.

Monsieur est de votre souper ?

LE COMMISSAIRE.

Il faut ici, mon cher ami, ne rien cacher à votre
maître.

Mᵉ JACQUES.

Ma foi, monsieur, je montrerai tout ce que je
sais faire, et je vous traiterai du mieux qu'il me
sera possible.

HARPAGON.

Ce n'est pas là l'affaire.

Mᵉ JACQUES.

Si je ne vous fais pas aussi bonne chère que je
voudrois, c'est la faute de monsieur nôtre intendant, qui m'a rogné les ailes avec les ciseaux de
son économie.

HARPAGON.

Traître ! il s'agit d'autre chose que de souper ;
et je veux que tu me dises des nouvelles de l'argent qu'on m'a pris.

M^c JACQUES.

On vous a pris de l'argent ?

HARPAGON.

Oui, coquin ; et je m'en vais te faire pendre si
tu ne me le rends.

LE COMMISSAIRE, *à Harpagon.*

Mon dieu ! ne le maltraitez point. Je vois à sa
mine qu'il est honnête homme, et que, sans se faire
mettre en prison, il vous découvrira ce que vous
voulez savoir. Oui, mon ami, si vous nous confes-
sez la chose, il ne vous sera fait aucun mal, et vous
serez récompensé comme il faut par votre maître.
On lui a pris aujourd'hui son argent, et il n'est
pas que vous ne sachiez quelque nouvelle de cette
affaire.

M^c JACQUES, *bas, à part.*

Voici justement ce qu'il me faut pour me venger de notre intendant. Depuis qu'il est entré
céans, il est le favori ; on n'écoute que ses conseils ;
et j'ai aussi sur le cœur les coups de bâton de
tantôt.

HARPAGON.

Qu'as-tu à ruminer ?

LE COMMISSAIRE, *à Harpagon.*

Laissez-le faire, il se prépare à vous contenter ;
et je vous ai bien dit qu'il étoit honnête homme.

Mᵉ JACQUES.

Monsieur, si vous voulez que je vous dise les choses, je crois que c'est monsieur votre cher intendant qui a fait le coup.

HARPAGON.

Valère?

Mᵉ JACQUES.

Oui.

HARPAGON.

Lui, qui me paroît si fidèle?

Mᵉ JACQUES.

Lui-même. Je crois que c'est lui qui vous a dérobé.

HARPAGON.

Et sur quoi le crois-tu?

Mᵉ JACQUES.

Sur quoi?

HARPAGON.

Oui.

Mᵉ JACQUES.

Je le crois... sur ce que je le crois.

LE COMMISSAIRE.

Mais il est nécessaire de dire les indices que vous avez.

HARPAGON.

L'as-tu vu rôder autour du lieu où j'avois mis mon argent?

Mᵉ JACQUES.

Oui, vraiment. Où étoit-il, votre argent?

HARPAGON.

Dans le jardin.

Me JACQUES.

Justement. Je l'ai vu rôder dans le jardin. Et dans quoi est-ce que cet argent étoit?

HARPAGON.

Dans une cassette.

Me JACQUES.

Voilà l'affaire. Je lui ai vu une cassette

HARPAGON.

Et cette cassette, comment est-elle faite? Je verrai bien si c'est la mienne.

Me JACQUES.

Comment elle est faite?

HARPAGON

Oui.

Me JACQUES.

Elle est faite... Elle est faite comme une cassette.

LE COMMISSAIRE.

Cela s'entend. Mais dépeignez-la un peu, pour voir.

M^c JACQUES.

C'est une grande cassette...

HARPAGON.

Celle qu'on m'a volée est petite.

Me JACQUES.

Hé oui, elle est petite, si on le veut prendre par-là; mais je l'appelle grande pour ce qu'elle contient.

LE COMMISSAIRE.

Et de quelle couleur est-elle ?

Me JACQUES.

De quelle couleur?

LE COMMISSAIRE.

Oui.

Me JACQUES.

Elle est de couleur... là, d'une certaine couleur... Ne sauriez-vous m'aider à dire ?

HARPAGON.

Hé?

Me JACQUES.

N'est-elle pas rouge?

HARPAGON.

Non, grise.

Me JACQUES.

Hé, oui, gris-rouge, c'est ce que je voulois dire.

HARPAGON.

Il n'y a point de doute, c'est elle assurément. Écrivez, monsieur, écrivez sa déposition. Ciel ! à qui désormais se fier? il ne faut plus jurer de rien; et je crois, après cela, que je suis homme à me voler moi-même.

Me JACQUES; à *Harpagon.*

Monsieur, le voici qui revient. Ne lui allez pas dire au moins que c'est moi qui vous ai découvert cela.

SCÈNE III.

HARPAGON, LE COMMISSAIRE, VALÈRE, MAÎTRE JACQUES.

HARPAGON.

Approche, viens confesser l'action la plus noire, l'attentat le plus horrible qui jamais ait été commis.

VALÈRE.

Que voulez-vous, monsieur?

HARPAGON.

Comment, traître! tu ne rougis pas de ton crime!

VALÈRE.

De quel crime voulez-vous donc parler?

HARPAGON.

De quel crime je veux parler, infâme! comme si tu ne savois pas ce que je veux dire! C'est en vain que tu prétendrois de le déguiser : l'affaire est découverte, et l'on vient de m'apprendre tout. Comment! abuser ainsi de ma bonté, et s'introduire exprès chez moi pour me trahir, pour me jouer un tour de cette nature!

VALÈRE.

Monsieur, puisqu'on vous a découvert tout, je ne veux point chercher de détours, et vous nier la chose.

Mᵉ JACQUES, *à part.*

Oh! oh! aurois-je deviné sans y penser?

VALÈRE.

C'étoit mon dessein de vous en parler, et je
voulois attendre pour cela des conjonctures favora-
bles; mais puisqu'il est ainsi, je vous conjure de
ne vous point fâcher, et de vouloir entendre mes
raisons.

HARPAGON.

Et quelles belles raisons peux-tu me donner,
voleur, infâme?

VALÈRE.

Ah! monsieur, je n'ai pas mérité ces noms. Il
est vrai que j'ai commis une offense envers vous;
mais, après tout, ma faute est pardonnable.

HARPAGON.

Comment, pardonnable! un guet-apens, un as-
sassinat de la sorte!

VALÈRE.

De grace, ne vous mettez point en colère. Quand
vous m'aurez ouï, vous verrez que le mal n'est pas
si grand que vous le faites.

HARPAGON.

Le mal n'est pas si grand que je le fais! Quoi!
mon sang, mes entrailles, pendard!

VALÈRE.

Votre sang, monsieur, n'est pas tombé dans de
mauvaises mains. Je suis d'une condition à ne lui
point faire de tort; et il n'y a rien en tout ceci que
je ne puisse bien réparer.

HARPAGON.

C'est bien mon intention, et que tu me restitues ce que tu m'as ravi.

VALÈRE.

Votre honneur, monsieur, sera pleinement satisfait.

HARPAGON.

Il n'est pas question d'honneur là-dedans. Mais, dis-moi, qui t'a porté à cette action?

VALÈRE.

Hélas! me le demandez-vous?

HARPAGON.

Oui, vraiment, je te le demande.

VALÈRE.

Un dieu qui porte les excuses de tout ce qu'il fait faire : l'Amour.

HARPAGON.

L'Amour!

VALÈRE.

Oui.

HARPAGON.

Bel amour! bel amour, ma foi! l'amour de mes louis dor!

VALÈRE.

Non, monsieur, ce ne sont point vos richesses qui m'ont tenté, ce n'est pas cela qui m'a ébloui; et je proteste de ne prétendre rien à tous vos biens, pourvu que vous me laissiez celui que j'ai.

HARPAGON.

Non ferai, de par tous les diables; je ne te

laisserai pas. Mais voyez quelle insolence, de vouloir retenir le vol qu'il m'a fait!

VALÈRE.

Appelez-vous cela un vol?

HARPAGON.

Si je l'appelle un vol! un trésor comme celui-là!

VALÈRE.

C'est un trésor, il est vrai, et le plus précieux
que vous ayez sans doute; mais ce ne sera pas le
perdre que de me le laisser. Je vous le demande à
genoux, ce trésor plein de charmes; et pour bien
faire il faut que vous me l'accordiez.

HARPAGON.

Je n'en ferai rien. Qu'est-ce à dire, cela?

VALÈRE.

Nous nous sommes promis une foi mutuelle, et
avons fait serment de ne nous point abandonner.

HARPAGON.

Le serment est admirable, et la promesse plaisante!

VALÈRE.

Oui, nous nous sommes engagés d'être l'un à
l'autre à jamais.

HARPAGON.

Je vous en empêcherai bien, je vous assure.

VALÈRE.

Rien que la mort ne nous peut séparer.

HARPAGON.

C'est être bien endiablé après mon argent!

VALÈRE.

Je vous ai déjà dit, monsieur, que ce n'étoit point l'intérêt qui m'avoit poussé à faire ce que j'ai fait. Mon cœur n'a point agi par les ressorts que vous pensez, et un motif plus noble m'a inspiré cette résolution.

HARPAGON.

Vous verrez que c'est par charité chrétienne qu'il veut avoir mon bien. Mais j'y donnerai bon ordre, et la justice, pendard effronté, me va faire raison de tout.

VALÈRE.

Vous en userez comme vous voudrez, et me voilà prêt à souffrir toutes les violences qu'il vous plaira : mais je vous prie de croire au moins que, s'il y a du mal, ce n'est que moi qu'il en faut accuser, et que votre fille, en tout ceci, n'est aucunement coupable.

HARPAGON.

Je le crois bien, vraiment : il seroit fort étrange que ma fille eût trempé dans ce crime. Mais je veux ravoir mon affaire, et que tu me confesses en quel endroit tu me l'as enlevée.

VALÈRE.

Moi ? je ne l'ai point enlevée ; et elle est encore chez vous.

HARPAGON, à part.

O ma chère cassette ! (haut.) Elle n'est point sortie de ma maison ?

VALÈRE.

Non, monsieur.

HARPAGON.

Hé! dis-moi un peu; tu n'y as point touché?

VALÈRE.

Moi, y toucher! Ah! vous lui faites tort, aussi-
bien qu'à moi; et c'est d'une ardeur toute pure et
respectueuse que j'ai brûlé pour elle.

HARPAGON, *à part.*

Brûlé pour ma cassette!

VALÈRE.

J'aimerois mieux mourir que de lui avoir fait
paroître aucune pensée offensante; elle est trop
sage et trop honnête pour cela.

HARPAGON, *à part.*

Ma cassette trop honnête!

VALÈRE.

Tous mes désirs se sont bornés à jouir de sa vue;
et rien de criminel n'a profané la passion que ses
beaux yeux m'ont inspirée.

HARPAGON, *à part.*

Les beaux yeux de ma cassette! Il parle d'elle
comme un amant d'une maîtresse.

VALÈRE.

Dame Claude, monsieur, sait la vérité de cette
aventure; et elle vous peut rendre témoignage...

HARPAGON.

Quoi! ma servante est complice de l'affaire?

VALÈRE.

Oui, monsieur, elle a été témoin de notre enga-

gement; et c'est après avoir connu l'honnêteté d
ma flamme, qu'elle m'a aidé à persuader votre
de me donner sa foi, et de recevoir la mienne.

HARPAGON.

Hé! (*à part.*) Est-ce que là peur de la justice
fait extravaguer? (*à Valère.*) Que nous brouille
tu ici de ma fille?

VALÈRE.

Je dis, monsieur, que j'ai eu toutes les peine
du monde à faire consentir sa pudeur à ce qu
vouloit mon amour.

HARPAGON.

La pudeur de qui?

VALÈRE.

De votre fille; et c'est seulement depuis hie
qu'elle a pu se résoudre à nous signer mutuell
ment une promesse de mariage.

HARPAGON.

Ma fille t'a signé une promesse de mariage?

VALÈRE.

Oui, monsieur, comme de ma part je lui en
signé une.

HARPAGON.

O ciel! autre disgrace!

Me JACQUES, *au commmissaire.*

Ecrivez, monsieur, écrivez.

HARPAGON,

Rengrègement de mal! surcroît de désespoir
(*au commissaire.*) Allons, monsieur, faites le

e votre charge, et dressez-lui-moi son procès
mme larron et comme suborneur.

Me JACQUES.

Comme larron et comme suborneur.

VALÈRE.

Ce sout des noms qui ne me sont point dus ; et
uand on saura qui je suis...

SCÈNE IV.

ARPAGON, ÉLISE, MARIANE, VALÈRE,
FROSINE, Me JACQUES, LE COMMISSAIRE.

HARPAGON.

Ah ! fille scélérate ! fille indigne d'un père comme
oi ! c'est ainsi que tu pratiques les leçons que je
ai données ! tu te laisses prendre d'amour pour
n voleur infâme, et tu lui engages ta foi sans mon
onsentement ! Mais vous serez trompés l'un et
autre. (*à Élise.*) Quatre bonnes murailles me ré-
ondront de ta conduite ; (*à Valère.*) et une bonne
otence, pendard effronté, me fera raison de ton
udace.

VALÈRE.

Ce ne sera point votre passion qui jugera l'af-
aire ; et l'on m'écoutera au moins avant que de me
condamner.

HARPAGON.

Je me suis abusé de dire une potence ; et tu seras
ué tout vif.

Molière.   18

ÉLISE, *aux genoux d'Harpagon.*

Ah! mon père, prenez des sentiments un peu plus humains, je vous prie; et n'allez point pousser les choses dans les dernières violences du pouvoir paternel. Ne vous laissez point entraîner aux premiers mouvements de votre passion; et donnez-vous le temps de considérer ce que vous voulez faire. Prenez la peine de mieux voir celui dont vous vous offensez. Il est tout autre que vos yeux ne le jugent; et vous trouverez moins étrange que je me sois donnée à lui, lorsque vous saurez que sans lui vous ne m'auriez plus il y a long-temps. Oui, mon père, c'est lui qui me sauva de ce grand péril que vous savez que je courus dans l'eau, et à qui vous devez la vie de cette même fille dont...

HARPAGON.

Tout cela n'est rien; et il valoit bien mieux pour moi qu'il te laissât noyer, que de faire ce qu'il a fait.

ÉLISE.

Mon père, je vous conjure par l'amour paternel de me...

HARPAGON.

Non, non, je ne veux rien entendre; et il faut que la justice fasse son devoir.

Mᵉ JACQUES, *à part.*

Tu me paieras mes coups de bâton.

FROSINE, *à part.*

Voici un étrange embarras.

SCÈNE V.

ANSELME, HARPAGON, ÉLISE, MARIANE,
FROSINE, VALÈRE, LE COMMISSAIRE,
MAÎTRE JACQUES.

ANSELME.

Qu'est-ce, seigneur Harpagon ? je vous vois
tout ému,

HARPAGON.

Ah! seigneur Anselme, vous me voyez le plus
infortuné de tous les hommes, et voici bien du
trouble et du désordre au contrat que vous venez
faire. On m'assassine dans le bien, on m'assassine
dans l'honneur; et voilà un traître, un scélérat
qui a violé tous les droits les plus saints, qui s'est
coulé chez moi, sous le titre de domestique, pour
me dérober mon argent, et pour me suborner ma
fille.

VALÈRE.

Qui songe à votre argent, dont vous me faites
un galimatias ?

HARPAGON.

Oui, ils se sont donné l'un à l'autre une promesse de mariage. Cet affront vous regarde, seigneur Anselme ; et c'est vous qui devez vous
rendre partie contre lui, et faire à vos dépens
toutes les poursuites de la justice, pour vous
venger de son insolence.

ANSELME.

Ce n'est pas mon dessein de me faire épouser par

force, et de rien prétendre à un cœur qui se sero
donné; mais pour vos intérêts, je suis prêt à les
embrasser ainsi que les miens propres.

HARPAGON.

Voilà monsieur, qui est un honnête commissaire, qui n'oubliera rien, à ce qu'il m'a dit, de la
fonction de son office. (*au commissaire, montrant
Valère.*) Chargez-le comme il faut, monsieur, et
rendez les choses bien criminelles.

VALÈRE.

Je ne vois pas quel crime on me peut faire de la
passion que j'ai pour votre fille, et le supplice où
vous croyez que je puisse être condamné pour
notre engagement, lorsqu'on saura ce que je suis.

HARPAGON.

Je me moque de tous ces contes; et le monde
aujourd'hui n'est plein que de ces larrons de
noblesse, que de ces imposteurs qui tirent avantage
de leur obscurité, et s'habillent insolemment du
premier nom illustre qu'ils s'avisent de prendre.

VALÈRE.

Sachez que j'ai le cœur trop bon pour me parer
de quelque chose qui ne soit point à moi, et que tout
Naples peut rendre témoignage de ma naissance.

ANSELME.

Tout beau! prenez garde à ce que vous allez dire.
Vous risquez ici plus que vous ne pensez; et vous
parlez devant un homme à qui tout Naples est
connu, et qui peut aisément voir clair dans l'histoire que vous ferez.

VALÈRE.

Je ne suis point homme à rien craindre ; et si
Naples vous est connu, vous savez qui étoit don
Thomas d'Alburci.

ANSELME.

Sans doute, je le sais ; et peu de gens l'ont connu
mieux que moi.

HARPAGON.

Je ne me soucie ni de don Thomas, ni de don
Martin.

(Harpagon voyant deux chandelles allumées en
souffle une.)

ANSELME.

De grace, laissez-le parler ; nous verrons ce
qu'il en veut dire.

VALÈRE.

Je veux dire que c'est lui qui m'a donné le jour.

ANSELME.

Lui ?

VALÈRE.

Oui.

ANSELME.

Allez, vous vous moquez. Cherchez quelque
autre histoire qui vous puisse mieux réussir ; et
ne prétendez pas vous sauver sous cette imposture.

VALÈRE.

Songez à mieux parler. Ce n'est point une imposture, et je n'avance rien qu'il ne me soit aisé de
justifier.

ANSELME.

Quoi! vous osez vous dire fils de don Thomas d'Alburci?

VALÈRE.

Oui, je l'ose, et je suis prêt de soutenir cette vérité contre qui que ce soit.

ANSELME.

L'audace est merveilleuse! Apprenez, pour vous confondre, qu'il y a seize ans pour le moins que l'homme dont vous nous parlez périt sur mer avec ses enfants et sa femme, en voulant dérober leur vie aux cruelles persécutions qui ont accompagné les désordres de Naples, et qui en firent exiler plusieurs nobles familles.

VALÈRE.

Oui. Mais apprenez, pour vous confondre, vous, que son fils, âgé de sept ans, avec un domestique, fut sauvé de ce naufrage par un vaisseau espagnol, et que ce fils sauvé est celui qui vous parle. Apprenez que le capitaine de ce vaisseau, touché de ma fortune, prit amitié pour moi; qu'il me fit élever comme son propre fils; et que les armes furent mon emploi dès que je m'en trouvai capable; que j'ai su depuis peu que mon père n'étoit point mort, comme je l'avois toujours cru; que, passant ici pour l'aller chercher, une aventure par le ciel concertée me fit voir la charmante Élise; que cette vue me rendit esclave de ses beautés, et que la violence de mon amour et les sévérités de son père me firent prendre la résolution de m'introduire

dans son logis, et d'envoyer un autre à la quête
de mes parents.

ANSELME.

Mais quels témoignages encore, autres que vos
paroles, nous peuvent assurer que ce ne soit point
une fable que vous ayez bâtie sur une vérité ?

VALÈRE.

Le capitaine espagnol, un cachet de rubis qui
étoit à mon père, un bracelet d'agate que ma
mère m'avoit mis au bras, le vieux Pédro, ce domestique qui se sauva avec moi du naufrage.

MARIANE.

Hélas ! à vos paroles je puis ici répondre, moi,
que vous n'imposez point ; et tout ce que vous
dites me fait connoître clairement que vous êtes
mon frère.

VALÈRE.

Vous ma sœur !

MARIANE.

Oui : mon cœur s'est ému dès le moment que
vous avez ouvert la bouche ; et notre mère, que
vous allez ravir, m'a mille fois entretenue des dis-
graces de notre famille. Le ciel ne nous fit point
aussi périr dans ce triste naufrage : mais il ne
nous sauva la vie que par la perte de notre liberté ;
et ce furent des corsaires qui nous recueillirent,
ma mère et moi, sur un débris de notre vaisseau.
Après dix ans d'esclavage, une heureuse fortune
nous rendit notre liberté, et nous retournâmes
dans Naples, où nous trouvâmes tout notre bien

vendu, sans y pouvoir trouver des nouvelles de notre père. Nous passâmes à Gênes, où ma mère alla ramasser quelques malheureux restes d'une succession qu'on avoit déchirée; et de là, fuyant la barbare injustice de ses parents, elle vint en ces lieux, où elle n'a presque vécu que d'une vie languissante.

ANSELME.

O ciel, quels sont les traits de ta puissance! et que tu fais bien voir qu'il n'appartient qu'à toi de faire des miracles! Embrassez-moi, mes enfants, et mêlez tous deux vos transports à ceux de votre père.

VALÈRE.

Vous êtes notre père?

MARIANE.

C'est vous que ma mère a tant pleuré?

ANSELME.

Oui, ma fille, oui, mon fils, je suis don Thomas d'Alburci, que le ciel garantit des ondes avec tout l'argent qu'il portoit, et qui, vous ayant tous crus morts durant plus de seize ans, se préparoit, après de longs voyages, à chercher dans l'hymen d'une douce et sage personne la consolation de quelque nouvelle famille. Le peu de sûreté que j'ai vu pour ma vie à retourner à Naples m'a fait y renoncer pour toujours; et ayant su trouver moyen d'y faire vendre ce que j'avois, je me suis habitué ici, où, sous le nom d'Anselme, j'ai voulu m'éloigner les chagrins de cet autre nom qui m'a causé tant de traverses.

HARPAGON, *à Anselme.*

C'est là votre fils ?

ANSELME.

Oui.

HARPAGON.

Je vous prends à partie pour me payer dix mille écus qu'il m'a volés ?

ANSELME.

Lui, vous avoir volé !

HARPAGON.

Lui-même.

VALÈRE.

Qui vous dit cela ?

HARPAGON.

Maître Jacques.

VALÈRE, *à maître Jacques.*

C'est toi qui le dis ?

Mᵉ JACQUES.

Vous voyez que je ne dis rien.

HARPAGON.

Oui, voilà monsieur le commissaire qui a reçu sa déposition.

VALÈRE.

Pouvez-vous me croire capable d'une action si lâche ?

HARPAGON.

Capable ou non capable, je veux ravoir mon argent.

SCÈNE VI.

HARPAGON, ANSELME, ÉLISE, MARIAN
CLÉANTE, VALÈRE, FROSINE, L
COMMISSAIRE, MAÎTRE JACQUES, LA
FLÈCHE.

CLÉANTE.

Ne vous tourmentez point, mon pere, et n'accusez personne. J'ai découvert des nouvelles de votre affaire; et je viens ici pour vous dire que, si vous voulez vous résoudre à me laisser épouser Mariane, votre argent vous sera rendu.

HARPAGON.

Où est-il?

CLÉANTE.

Ne vous en mettez point en peine, il est en lieu dont je réponds et tout ne dépend que de moi : c'est à vous de me dire à quoi vous vous déterminez; et vous pouvez choisir, ou de me donner Mariane, ou de perdre votre cassette.

HARPAGON.

N'en a-t-on rien ôté?

CLÉANTE.

Rien du tout. Voyez si c'est votre dessein de souscrire à ce mariage, et de joindre votre consentement à celui de sa mère, qui lui laisse la liberté de faire un choix entre nous deux.

MARIANE, à *Cléante.*

Mais vous ne savez pas que ce n'est pas assez que ce consentement, et que le ciel, (*montrant*

Valère.) avec un frère que vous voyez, vient de me rendre un père (*montrant Anselme.*) dont vous avez à m'obtenir.

ANSELME.

Le ciel, mes enfants, ne me redonne point à vous pour être contraire à vos vœux. Seigneur Harpagon, vous jugez bien que le choix d'une jeune personne tombera sur le fils plutôt que sur le père. Allons, ne vous faites point dire ce qu'il n'est pas nécessaire d'entendre ; et consentez, ainsi que moi, à ce double hyménée.

HARPAGON.

Il faut pour me donner conseil que je voie ma cassette.

CLÉANTE.

Vous la verrez saine et entière.

HARPAGON.

Je n'ai point d'argent à donner en mariage à mes enfants.

ANSELME.

Hé bien, j'en ai pour eux ; que cela ne vous inquiète point.

HARPAGON.

Vous obligerez-vous à faire tous les frais de ces deux mariages ?

ANSELME.

Oui, je m'y oblige ; Êtes-vous satisfait ?

HARPAGON.

Oui, pourvu que pour les noces vous me fassiez faire un habit.

ANSELME.

D'accord. Allons jouir de l'allégresse qu
heureux jour nous présente.

LE COMMISSAIRE.

Holà, messieurs, holà. Tout doucement, s'
vous plaît. Qui me paiera mes écritures?

HARPAGON.

Nous n'avons que faire de vos écritures

LE COMMISSAIRE.

Oui; mais je ne prétends pas, moi, les avoi
faites pour rien.

HARPAGON, *montrant maître Jacques.*

Pour votre paiement, voilà un homme que
vous donne à pendre.

M^c JACQUES.

Hélas! comment faut-il donc faire? On m
donne des coups de bâton pour dire vrai, et o
me veut pendre pour mentir!

ANSELME.

Seigneur Harpagon, il faut lui pardonner cette
imposture.

HARPAGON.

Vous paierez donc le commissaire?

ANSELME.

Soit. Allons vite faire part de notre   à votre
mère.

HARPAGON.

Et moi, voir ma chère casset

FIN DU TOME QUATR

I.

e femelle des | donner de l'emploi, de l'ar-
[de prisonnier. | gent à intérêt. [bouret.
aie ; chambre | Placet, sm. demande écrite ; ta-
e à feu ; chau- | Plachettes, sf. pl. ais pour por-
er ; outil de | ter les tuiles. [ce de marché.
 | Placier, sm. locataire d'une pla-
dre mouvant | Pladarolles, sm. mal de paupière.
 | Plafond, sm. dessous de plan-
on de repas. | cher; plateau de cuivre ; mar.
oyeur. | carène.
denier ; plante | Plafonner, va. garnir un plafond.
 | Plafonneur, sm. qui plafonne.
un air piteux. | Plage, sf. rivage ; contrée.
de pitié. | Plagiaire, a. et s. qui pille les
ge sans queue. | ouvrages d'autrui.
(échelle) pour | Plagiat, sm. action du plagiaire.
[mal d'autrui. | Plagièdre, a. à facettes obliques.
assion pour le | Plagiure, sm. cétacé.
anneau. | Plaid, sm. plaidoyer ; audience;
rté à la pitié , | manteau.
prisable. | Plaidant, a. qui plaide.
d. | Plaider, va. n. contester ; dé-
u de la Guiane. | fendre en justice. [procès.
ueur très-forte. | Plaideur, s. qui plaide ; ami des
d'effet, peint. | Plaidoirie, sf. art, action de plai-
ad. [te. | der. [cat.
ent à la pitui- | Plaidoyer, sm. discours d'avo-
ur visqueuse. | Plaie, sf. cicatrice ; blessure ;
qui abonde en | fléau. [justice.
 | Plaignant, s. a. qui se plaint en
e de teigne. | Plain, a. uni, sm. cuve ; chaux.
e, sf. oiseaux. | Plain-chant, sm. chant d'église.
te, sm. bou- | Plaindre, va. avoir pitié ; re-
 | gretter ; p. se lamenter ; faire
t qui fait tour- | des plaintes.
andiculaire. | Plaine, sf. plate campagne.
cine) perpen- | Plain-pied (de), ad. de niveau.
 | Plainte, sf. lamentation ; grief.
ser un pivot; | Plaintif, a. dolent ; qui se plaint.
pivot.[feuilles. | Plaintivement, ad.
s appliqué en | Plaire, vn. être au gré de... unip.
ortier de terre | vouloir ; p. prendre plaisir.
rie sans saillie. | Plaisamment, ad. [plaisir.
t affiché ; boi- | Plaisance, sf. campagne pour le
cher un pla- | Plaisant, a. amusant ; agréable ;
 | sm. bouffon. [ner.
space ; situa- | Plaisanter, va. n. railler ; badi-
ic ; ville de | Plaisanterie, sf. raillerie, badi-
; rang.[élevé. | nerie.
marine, fond | Plaisir, sm. sensation agréable ,
n de placer. | divertissement; volonté ; bon
nveloppe du | office. [les cuirs.
;bol. | Plamage, sm. action de plamer
dans un lieu | Plamée, sf. chaux pour plamer.

www.ingramcontent.com/pod-product-compliance
Lightning Source LLC
Chambersburg PA
CBHW071533030726
47598CB00001B/105